LES FORMES DE L'AMOUR IMPLICITE DE DIEU

SIMONE WEIL

TABLE DES MATIÈRES

Avant-Propos 1
1. L'amour du Prochain 4
2. Amour de l'ordre du Monde 26
3. Amour des Pratiques Religieuses 54
4. Amitié 77
5. Amour Implicite et Amour Explicite 87

AVANT-PROPOS

Le commandement : aime Dieu » implique par sa forme impérative qu'il s'agit, non pas seulement du consentement que l'âme peut accorder ou refuser quand Dieu vient en personne prendre la main de sa future épouse, mais aussi d'un amour antérieur à cette visite. Car il s'agit d'une obligation permanente.

L'amour antérieur ne peut avoir Dieu pour objet, puisque Dieu n'est pas présent et ne l'a encore jamais été. Il a donc un autre objet. Pourtant il est destiné à devenir amour de Dieu. On peut le nommer amour indirect ou implicite de Dieu.

Cela est vrai même quand l'objet de cet amour porte le nom de Dieu. Car on peut dire alors, ou que ce nom est appliqué d'une manière impropre, ou que l'usage n'en est légitime qu'à cause du développement qui doit se produire.

L'amour implicite de Dieu ne peut avoir que trois objets immédiats, les trois seuls objets d'ici-bas où Dieu soit réellement, quoique secrètement présent. Ces objets sont les cérémonies religieuses, la beauté du monde, et le prochain. Cela fait trois amours.

À ces trois amours il faut peut-être ajouter l'amitié ; en toute rigueur, elle est distincte de la charité du prochain.

Ces amours indirects ont une vertu exactement, rigoureusement équivalente. Selon les circonstances, le tempérament et la vocation, l'un ou l'autre entre le premier dans une âme ; l'un ou l'autre domine au cours de la période de préparation. Ce n'est peut-être pas nécessairement le même tout au long de cette période.

Il est probable que dans la plupart des cas la période de préparation ne touche à sa fin, l'âme n'est prête à recevoir la visite personnelle de son Maître que si elle porte en elle à un degré élevé tous ces amours indirects.

L'ensemble de ces amours constitue l'amour de Dieu sous la forme qui convient à la période préparatoire, sous forme enveloppée.

Ils ne disparaissent pas quand surgit dans l'âme l'amour de Dieu proprement dit ; ils deviennent infiniment plus forts, et tout cela ne fait ensemble qu'un seul amour.

Mais la forme enveloppée de l'amour précède nécessairement, et souvent pendant très longtemps elle règne seule dans l'âme ; chez beaucoup peut-être jusqu'à la mort. Cet amour enveloppé peut atteindre des degrés très élevés de pureté et de force.

Chacune des formes dont cet amour est susceptible, au moment où elle touche l'âme, a la vertu d'un sacrement.

1

L'AMOUR DU PROCHAIN

Le Christ a indiqué cela assez clairement pour l'amour du prochain. Il a dit qu'il remercierait un jour ses bienfaiteurs en leur disant : « J'ai eu faim et vous m'avez donné à manger. » Qui peut être le bienfaiteur du Christ, si ce n'est le Christ lui-même ? Comment un homme peut-il donner à manger au Christ, s'il n'est pas au moins pour un moment élevé à cet état dont parle saint Paul, où il ne vit plus lui-même en lui-même, où le Christ seul vit en lui ?

Dans le texte de l'Évangile, il est question seulement de la présence du Christ dans le malheureux. Pourtant il semble que la dignité spirituelle de celui qui reçoit ne soit pas du tout en cause. Il faut alors admettre que c'est le bienfaiteur lui-même, comme porteur du Christ, qui fait entrer le Christ dans le malheureux affamé avec le pain qu'il lui donne. L'autre peut consentir ou non à cette présence, exactement comme celui qui communie. Si le don est bien donné et bien reçu, le passage d'un morceau de pain d'un homme à un autre est quelque chose comme une vraie communion.

Les bienfaiteurs du Christ ne sont pas nommés par lui aimants ni charitables. Ils sont nommés les justes. L'Évangile ne fait aucune distinction entre l'amour du prochain et la justice. Aux yeux des Grecs aussi le respect de Zeus suppliant était le premier des devoirs de justice. Nous avons inventé la distinction entre la justice et la charité. Il est facile de comprendre pourquoi. Notre notion de la justice dispense celui qui possède de donner. S'il donne quand même, il croit pouvoir être content de lui-même. Il pense avoir fait une bonne œuvre. Quant à celui qui reçoit, selon la manière dont il comprend cette notion, ou elle le dispense de toute gratitude, ou elle le contraint à remercier bassement.

Seule l'identification absolue de la justice et de l'amour rend possibles à la fois d'une part la compassion et la gratitude, d'autre part le respect de la dignité du malheur chez les malheureux par lui-même et par les autres.

Il faut penser qu'aucune bonté, sous peine de constituer une faute sous une fausse apparence de bonté, ne peut aller plus loin que la justice. Mais il faut remercier le juste d'être juste, parce que la justice est une chose tellement belle, comme nous remercions Dieu à cause de sa grande gloire. Toute autre gratitude est servile et même animale.

La seule différence entre celui qui assiste à un acte de justice et celui qui en reçoit matériellement l'avantage est que dans cette circonstance la beauté de la justice est pour le premier seulement un spectacle, et pour le second l'objet d'un contact et même comme une nourriture. Ainsi le sentiment qui chez le premier est simple admiration doit être chez le second porté à un degré bien plus élevé par le feu de la gratitude.

Être sans gratitude quand on a été traité avec justice dans des circonstances où l'injustice était facilement possible, c'est se priver de la vertu surnaturelle, sacramentelle, enfermée dans tout acte pur de justice.

Rien ne permet mieux de concevoir cette vertu que la doctrine de la justice naturelle, telle qu'on la trouve exposée avec une probité d'esprit incomparable dans quelques lignes merveilleuses de Thucydide.

Les Athéniens, étant en guerre contre Sparte, voulaient forcer les habitants de la petite île de Mélos, alliée à Sparte de toute antiquité, et jusque-là demeurée neutre, à se joindre à eux. Vainement les Méliens, devant l'ultimatum athénien, invoquèrent la justice, implorèrent la pitié pour l'antiquité de leur ville. Comme ils ne voulurent pas céder, les Athéniens rasèrent la cité, firent mourir tous les hommes, vendirent comme esclaves toutes les femmes et tous les enfants.

Les lignes en question sont mises par Thucydide

dans la bouche de ces Athéniens. Ils commencent par dire qu'ils n'essaieront pas de prouver que leur ultimatum est juste.

> « Traitons plutôt de ce qui est possible... Vous le savez comme nous ; tel qu'est constitué l'esprit humain, ce qui est juste est examiné seulement s'il y a nécessité égale de part et d'autre. Mais s'il y a un fort et un faible, ce qui est possible est imposé par le premier et accepté par le second. »

Les Méliens dirent qu'en cas de bataille ils auraient les dieux avec eux à cause de la justice de leur cause. Les Athéniens répondirent qu'ils ne voyaient aucun motif de le supposer.

> « Nous avons à l'égard des dieux la croyance, à l'égard des hommes la certitude, que toujours, par une nécessité de nature, chacun commande partout où il en a le pouvoir. Nous n'avons pas établi cette loi, nous ne sommes pas les premiers à l'appliquer ; nous l'avons trouvée établie, nous la conservons comme devant durer toujours ; et c'est pourquoi nous l'appliquons. Nous savons bien que vous aussi, comme tous les autres, une fois parvenus au même degré de puissance, vous agiriez de même. »

Cette lucidité d'intelligence dans la conception de

l'injustice est la lumière immédiatement inférieure à celle de la charité. C'est la clarté qui subsiste quelque temps, là où la charité a existé, mais s'est éteinte. Au-dessous sont des ténèbres où le fort croit sincèrement que sa cause est plus juste que celle du faible. C'était le cas des Romains et des Hébreux.

Possibilité, nécessité, sont dans ces lignes les termes opposés à justice. Est possible tout ce qu'un fort peut imposer à un faible. Il est raisonnable d'examiner jusqu'où va cette possibilité. Si on la suppose connue, il est certain que le fort accomplira sa volonté jusqu'à l'extrême limite de la possibilité. C'est une nécessité mécanique. Autrement ce serait comme s'il voulait et ne voulait pas en même temps. Il y a là nécessité pour le fort comme pour le faible.

Quand deux êtres humains ont à faire ensemble, et qu'aucun n'a le pouvoir de rien imposer à l'autre, il faut qu'ils s'entendent. On examine alors la justice, car la justice seule a le pouvoir de faire coïncider deux volontés. Elle est l'image de cet Amour qui en Dieu unit le Père et le Fils, qui est la pensée commune des pensants séparés. Mais quand il y a un fort et un faible il n'y a nul besoin d'unir deux volontés. Il n'y a qu'une volonté, celle du fort. Le faible obéit. Tout se passe comme quand un homme manie de la matière. Il n'y a pas deux volontés à faire coïncider. L'homme veut, et la matière subit. Le faible est comme une chose. Il n'y a aucune différence entre jeter une pierre pour éloigner un chien importun et dire à un esclave : « Chasse ce chien. »

Il y a pour l'inférieur, à partir d'un certain degré d'inégalité dans les rapports de force inégaux entre les hommes, passage à l'état de matière et perte de la personnalité. Les anciens disaient : « Un homme perd la moitié de son âme le jour où il devient esclave. »

La balance en équilibre, image du rapport égal des forces, a été de toute antiquité, et surtout en Égypte, le symbole de la justice. Elle a peut-être été un objet religieux avant d'être employée dans le commerce. Son usage dans le commerce est l'image de ce consentement mutuel, essence même de la justice, qui doit être la règle des échanges. La définition de la justice comme consistant dans le consentement mutuel, qui se trouvait dans la législation de Sparte, était sans doute d'origine égéo-crétoise.

La vertu surnaturelle de justice consiste, si on est le supérieur dans le rapport inégal des forces, à se conduire exactement comme s'il y avait égalité. Exactement à tous égards, y compris les moindres détails d'accent et d'attitude, car un détail peut suffire à rejeter l'inférieur à l'état de matière qui dans cette occasion est naturellement le sien, comme le moindre choc congèle de l'eau restée liquide au-dessous de zéro degré.

Cette vertu pour l'inférieur ainsi traité consiste à ne pas croire qu'il y ait vraiment égalité de forces, à reconnaître que la générosité de l'autre est la seule cause de ce traitement. C'est ce qu'on nomme reconnaissance. Pour l'inférieur traité d'une autre manière, la vertu surnaturelle de justice consiste à comprendre que le traitement qu'il subit, d'une part est différent de la justice, mais d'autre part est conforme à la nécessité et au mécanisme de la nature humaine. Il doit demeurer sans soumission et sans révolte.

Celui qui traite en égaux ceux que le rapport des forces met loin au-dessous de lui leur fait véritablement don de la qualité d'êtres humains dont le sort les privait. Autant qu'il est possible à une créature, il reproduit à leur égard la générosité originelle du Créateur.

Cette vertu est la vertu chrétienne par excellence. C'est celle aussi qu'expriment dans le *Livre des Morts* égyptien des paroles aussi sublimes que celles mêmes de l'Évangile : « Je n'ai fait pleurer personne. Je n'ai jamais rendu ma voix hautaine. Je n'ai jamais causé de peur à personne. Je ne me suis jamais rendu sourd à des paroles justes et vraies. »

La reconnaissance chez le malheureux, quand elle est pure, n'est qu'une participation à cette même vertu, car seule peut la reconnaître celui qui en est capable. Les autres en éprouvent les effets sans la reconnaître.

Une telle vertu est identique à la foi réelle, en acte, dans le vrai Dieu. Les Athéniens de Thucydide pensaient que la divinité, comme l'homme dans l'état de nature, commande jusqu'à l'extrême limite du possible.

Le vrai Dieu est le Dieu conçu comme tout-puissant,

mais comme ne commandant pas partout où Il en a le pouvoir ; car Il ne se trouve que dans les cieux, ou bien ici-bas dans le secret.

Ceux des Athéniens qui massacrèrent les Méliens n'avaient plus aucune idée d'un tel Dieu.

Ce qui prouve leur erreur, c'est d'abord que, contrairement à leur affirmation, il arrive, quoique ce soit extrêmement rare, que par pure générosité un homme s'abstienne de commander là ou il en a le pouvoir. Ce qui est possible à l'homme est possible à Dieu.

On peut contester les exemples. Mais il est certain que si dans tel ou tel exemple on pouvait prouver qu'il s'agit seulement de pure générosité, cette générosité serait généralement admirée. Tout ce que l'homme est capable d'admirer est possible à Dieu.

Le spectacle de ce monde est encore une preuve plus sûre. Le bien pur ne s'y trouve nulle part. Ou bien Dieu n'est pas tout-puissant, ou bien Il n'est pas absolument bon, ou bien Il ne commande pas partout où il en a le pouvoir.

Ainsi l'existence du mal ici-bas, loin d'être une preuve contre la réalité de Dieu, est ce qui nous la révèle dans sa vérité.

La Création est de la part de Dieu un acte non pas d'expansion de soi, mais de retrait, de renoncement. Dieu et toutes les créatures, cela est moins que Dieu seul. Dieu a accepté cette diminution. Il a vidé de soi une partie de l'être. Il s'est vidé déjà dans cet acte de sa divinité ; c'est pourquoi saint Jean dit que l'Agneau a été égorgé dès la constitution du monde. Dieu a permis d'exister à dès choses autres que Lui et valant infiniment moins que Lui. Il s'est par l'acte créateur nié lui-même, comme le Christ nous a prescrit de nous nier nous-mêmes. Dieu s'est nié en notre faveur pour nous donner la possibilité de nous nier pour Lui. Cette réponse, cet écho, qu'il dépend de nous de refuser, est la seule justification possible à la folie d'amour de l'acte créateur.

Les religions qui ont conçu ce renoncement, cette distance volontaire, cet effacement volontaire de Dieu, son absence apparente et sa présence secrète ici-bas, ces religions sont la religion vraie, la traduction en langages différents de la grande Révélation. Les religions qui représentent la divinité comme commandant partout où elle en a le pouvoir sont fausses. Même si elles sont monothéistes, elles sont idolâtres.

Celui qui, étant réduit par le malheur à l'état de chose inerte et passive, revient au moins pour un temps à l'état humain par la générosité d'autrui, celui-là, s'il sait accueillir et sentir l'essence véritable de cette générosité, reçoit à cet instant une âme issue exclusivement de la charité. Il est engendré d'en haut à partir de l'eau et de l'esprit. (Le mot de l'Évangile, *anôthen,* signifie d'en haut plus souvent que de nouveau.) Traiter le prochain malheureux avec amour, c'est quelque chose comme le baptiser.

Celui de qui provient l'acte de générosité ne peut

agir comme il fait que s'il s'est transporté dans l'autre par la pensée. Lui aussi, à ce moment, est composé seulement d'eau et d'esprit.

La générosité et la compassion sont inséparables et ont l'une et l'autre leur modèle en Dieu, à savoir la création et la Passion.

Le Christ nous a enseigné que l'amour surnaturel du prochain, c'est l'échange de compassion et de gratitude qui se produit comme un éclair entre deux êtres dont l'un est pourvu et l'autre privé de la personne humaine. L'un des deux est seulement un peu de chair nue, inerte et sanglante au bord d'un fossé, sans nom, dont personne ne sait rien. Ceux qui passent à côté de cette chose l'aperçoivent à peine, et quelques minutes plus tard ne savent même pas qu'ils l'ont aperçue. Un seul s'arrête et y fait attention. Les actes qui suivent ne sont que l'effet automatique de ce moment d'attention. Cette attention est créatrice. Mais au moment où elle s'opère elle est renoncement. Du moins si elle est pure. L'homme accepte une diminution en se concentrant pour une dépense d'énergie qui n'étendra pas son pouvoir, qui fera seulement exister un être autre que lui, indépendant de lui. Bien plus, vouloir l'existence de l'autre, c'est se transporter en lui, par sympathie, et par suite avoir part à l'état de matière inerte où il se trouve.

Cette opération est au même degré contre nature chez un homme qui n'a pas connu le malheur et ignore ce que c'est, et chez un homme qui a connu ou pressenti le malheur et l'a pris en horreur.

Il n'est pas étonnant qu'un homme qui a du pain en donne un morceau *à* un affamé. Ce qui est étonnant, c'est qu'il soit capable de le faire par un geste différent de celui par lequel on achète un objet. L'aumône, quand elle n'est pas surnaturelle, est semblable à une opération d'achat. Elle achète le malheureux.

Quoi qu'un homme veuille, dans le crime comme dans la vertu la plus haute, dans les soucis minuscules comme dans les grands desseins, l'essence de son vouloir consiste toujours en ceci, qu'il veut d'abord vouloir librement. Vouloir l'existence de cette faculté de libre consentement chez un autre homme qui en a été privé par le malheur, c'est se transporter dans l'autre, c'est consentir soi-même au malheur c'est-à-dire à la destruction de soi-même. C'est se nier soi-même. En se niant soi-même, on devient capable après Dieu d'affirmer un autre par une affirmation créatrice. On se donne en rançon pour l'autre. C'est un acte rédempteur.

La sympathie du faible pour le fort est naturelle, car le faible en se transportant dans l'autre acquiert une force imaginaire. La sympathie du fort pour le faible, étant l'opération inverse, est contre nature.

C'est pourquoi la sympathie du faible pour le fort est pure seulement si elle a pour unique objet la sympathie de l'autre pour lui, au cas où l'autre est vraiment généreux. C'est là la gratitude surnaturelle, qui consiste à être heureux d'être l'objet d'une compassion surnaturelle. Elle laisse la fierté absolument intacte. La conservation de la fierté véritable dans le malheur est elle aussi chose surnaturelle. La gratitude pure comme la compassion pure est essentiellement consentement au malheur. Le malheureux et son bienfaiteur, entre qui la diversité de la fortune met une distance infinie, sont un dans ce consentement. Il y a amitié entre eux au sens des pythagoriciens, harmonie miraculeuse et égalité.

En même temps l'un et l'autre reconnaissent de toute leur âme qu'il est meilleur de ne pas commander partout où on en a le pouvoir. Cette pensée, si elle occupe toute l'âme et gouverne l'imagination, laquelle est la source des actions, cette pensée constitue la vraie foi. Car elle rejette le bien hors de ce monde, où sont toutes les sources de puissance ; elle reconnaît le bien comme le modèle du point secret qui se trouve au centre de la personne humaine et qui est principe de renoncement.

Même dans l'art et la science, si la production de second ordre, brillante ou médiocre, est extension de soi, la production de tout premier ordre, la création, est renoncement *à* soi. On ne discerne pas cette vérité, parce que la gloire mélange et recouvre indistinctement de son éclat les productions du premier ordre et les plus brillantes du second ordre, en donnant même souvent l'avantage à celles-ci

La charité du prochain, étant constituée par l'attention créatrice, est analogue au génie.

L'attention créatrice consiste à faire réellement attention à ce qui n'existe pas. L'humanité n'existe pas dans la chair anonyme inerte au bord de la route. Le Samaritain qui s'arrête et regarde fait pourtant attention à cette humanité absente, et les actes qui suivent témoignent qu'il s'agit d'une attention réelle.

La foi, dit saint Paul, est la vue des choses invisibles. Dans ce moment d'attention, la foi est présente aussi bien que l'amour.

De même un homme qui est entièrement à la discrétion d'autrui n'existe pas. Un esclave n'existe pas, ni aux yeux du maître, ni à ses propres yeux. Les esclaves noirs d'Amérique, quand ils se blessaient par accident le pied ou la main, disaient : « Cela ne fait rien, c'est le pied du maître, la main du maître. » Celui qui est entièrement privé des biens, quels qu'ils soient, dans lesquels est cristallisée la considération sociale n'existe pas. Une chanson populaire espagnole dit en mots d'une merveilleuse vérité : « Si quelqu'un veut se faire invisible, il n'a pas de moyen plus sûr que de devenir pauvre. » L'amour voit l'invisible.

Dieu a pensé ce qui n'était pas, et par le fait de le penser l'a fait être. À chaque instant, nous existons seulement du fait que Dieu consent à penser notre existence, quoique en réalité nous n'existions pas. Du moins c'est ainsi que nous nous représentons la création, humainement et par suite faussement, mais cette imagerie enferme de la vérité. Dieu seul a ce pouvoir, de penser réellement ce qui n'est pas. Seul Dieu présent en nous peut réellement penser la qualité humaine chez les malheureux, les regarder vraiment d'un regard autre que celui qu'on accorde aux objets, écouter vraiment leur voix comme on écoute une parole. Eux s'aperçoivent alors qu'ils ont une voix ; autrement ils n'auraient pas l'occasion de s'en rendre compte.

Autant il est difficile d'écouter vraiment un malheureux, autant il lui est difficile de savoir qu'il est écouté seulement par compassion.

L'amour du prochain est l'amour qui descend de Dieu vers l'homme. Il est antérieur à celui qui monte de l'homme vers Dieu. Dieu a hâte de descendre vers les malheureux. Dès qu'une âme est disposée au consentement, fût-elle la dernière, la plus misérable, la plus difforme, Dieu se précipite en elle pour pouvoir à travers elle regarder, écouter les malheureux. Avec le temps seulement elle prend connaissance de cette présence. Mais ne trouverait-elle pas de nom pour la nommer, partout où les malheureux sont aimés pour eux-mêmes, Dieu est présent.

Dieu n'est pas présent, même s'il est invoqué, là où les malheureux sont simplement une occasion de faire le bien, même s'ils sont aimés à ce titre. Car alors ils sont dans leur rôle naturel, dans leur rôle de matière, de choses. Ils sont aimés impersonnellement. Et il faut leur porter dans leur état inerte, anonyme, un amour personnel.

C'est pourquoi des expressions comme aimer le prochain en Dieu, pour Dieu, sont des expressions trompeuses et équivoques. Un homme n'a pas trop de tout son pouvoir d'attention pour être capable simplement de regarder ce peu de chair inerte et sans vêtements au bord de la route. Ce n'est pas le moment de tourner la pensée vers Dieu. Comme il y a des moments où il faut penser à Dieu en oubliant toutes les créatures sans exception, il y a des moments où en regardant les créatures il ne faut pas penser explicitement au Créateur. Dans ces moments la présence de Dieu en nous a pour condition un secret si profond qu'elle soit un secret même pour nous. Il y a des moments où penser à Dieu nous sépare de Lui. La pudeur est la condition de l'union nuptiale.

Dans l'amour vrai, ce n'est pas nous qui aimons les malheureux en Dieu, c'est Dieu en nous qui aime les malheureux. Quand nous sommes dans le malheur, c'est Dieu en nous qui aime ceux qui nous veulent du bien. La compassion et la gratitude descendent de Dieu, et quand elles s'échangent en un regard, Dieu est présent au point où les regards se rencontrent. Le malheureux et l'autre s'aiment à partir de Dieu, à travers Dieu, mais non pas pour l'amour de Dieu ; ils s'aiment pour l'amour l'un de l'autre. Cela est quelque chose d'impossible. C'est pourquoi cela ne s'opère que par Dieu.

Celui qui donne du pain à un malheureux affamé pour l'amour de Dieu ne sera pas remercié par le Christ. Il a déjà eu son salaire dans cette seule pensée. Le Christ remercie ceux qui ne savaient pas à qui ils donnaient à manger.

Au reste le don n'est qu'une des deux formes possibles de l'amour des malheureux. Le pouvoir est toujours pouvoir de faire du bien et du mal. Dans un rapport de forces très inégal, le supérieur peut être juste à l'égard de l'inférieur soit en lui faisant du bien avec justice, soit en lui faisant du mal avec justice. Dans le premier cas il y a aumône, dans le second cas il y a châtiment.

Le châtiment juste, comme l'aumône juste, enveloppe la présence réelle de Dieu et constitue quelque chose comme un sacrement. Cela aussi est indiqué clairement dans l'Évangile. Cela est exprimé par les mots : « Que celui qui est sans péché lui jette la première pierre. » Le Christ seul est sans péché.

Le Christ a épargné la femme adultère. La fonction du châtiment ne convenait pas à l'existence terrestre qui allait se terminer sur la croix. Mais il n'a pas prescrit d'abolir la justice pénale. Il a permis qu'on continuât à jeter des pierres. Partout où on le fait justement, c'est donc lui qui jette la première. Et comme il réside dans le malheureux affamé qu'un juste nourrit, il réside aussi dans le malheureux condamné qu'un juste punit. Il ne l'a pas dit, mais il l'a suffisamment indiqué en mourant comme un condamné de droit commun. Il est le modèle divin des repris de justice. Comme les jeunes ouvriers formés dans la J.O.C. s'enivrent de l'idée que le Christ a été l'un des leurs, les repris de justice pourraient légitimement goûter la même ivresse. Il faudrait seulement le leur dire, comme on le dit aux ouvriers. En un sens le Christ est plus proche d'eux que des martyrs.

La pierre qui tue, le morceau de, pain qui nourrit ont exactement la même vertu, si le Christ est présent au point de départ et au point d'arrivée. Le don de la vie, le don de la mort sont équivalents.

D'après la tradition hindoue, le roi Rama, incarnation de la deuxième Personne de la Trinité, dut, pour empêcher le scandale dans son peuple, faire mourir à son extrême regret un homme de basse caste, qui contrairement à la loi se livrait à des exercices d'ascétisme religieux. Il alla lui-même le trouver et le tua d'un coup d'épée. Aussitôt après l'âme du mort lui apparut et tomba à ses pieds, le remerciant du degré de gloire que lui avait conféré le contact de cette épée bienheureuse. Ainsi l'exécution, quoique tout à fait injuste en un sens, mais légale et accomplie par la main même de Dieu, avait eu toute la vertu d'un sacrement.

Le caractère légal d'un châtiment n'a pas de signification véritable s'il ne lui confère pas quelque chose de religieux, s'il n'en fait pas l'analogue d'un sacrement ; et par suite toutes les fonctions pénales, depuis celle de juge jusqu'à celles de bourreau et de gardien de prison, devraient participer de quelque manière au sacerdoce.

La justice se définit dans le châtiment de la même manière que dans l'aumône. Elle consiste à faire attention au malheureux comme à un être et non pas comme à une chose, à désirer la préservation chez lui de la faculté de libre consentement.

Les hommes croient mépriser le crime et méprisent en réalité la faiblesse du malheur. Un être en qui se combinent l'un et l'autre leur permet de s'abandonner au mépris du malheur sous le prétexte de mépriser le crime. Il est ainsi l'objet du plus grand mépris. Le mépris est le contraire de l'attention. Il y a exception seulement s'il s'agit d'un crime qui pour une raison quelconque ait du prestige, comme c'est souvent le cas du meurtre à cause de la puissance passagère qu'il implique, ou qui n'excite pas vivement chez ceux qui jugent la notion de culpabilité. Le vol est le crime le plus dépourvu de prestige et qui cause le plus d'indignation, parce que la propriété est l'attachement le plus général et le plus puissant. Cela apparaît même dans le Code pénal.

Rien n'est au-dessous d'un être humain enveloppé d'une apparence vraie ou fausse de culpabilité et qui se trouve entièrement à la discrétion de quelques hommes qui en quelques mots décideront de son sort. Ces hommes ne font pas attention à lui. D'ailleurs, à partir du moment où un homme tombe aux mains de l'appareil pénal jusqu'au moment où il en sort - et ceux qu'on nomme les repris de justice, comme d'ailleurs les prostituées, n'en sortent presque jamais jusqu'à leur mort - il n'est jamais un objet d'attention. Tout est combiné jusque dans les plus petits détails, jusque dans les inflexions de voix, pour faire de lui aux yeux de tous et à ses propres yeux une chose vile, un objet de rebut. La brutalité et la légèreté, les termes de mépris et les plaisanteries, la manière de parler, la manière d'écouter et la manière de ne pas écouter, tout est également efficace.

Il n'y a là aucune méchanceté voulue. C'est l'effet automatique d'une vie professionnelle qui a pour objet le crime aperçu sous la forme du malheur, c'est-à-dire sous la forme oit l'horreur de la souillure se trouve à nu. Un tel contact, étant ininterrompu, contamine nécessairement, et la forme de cette contamination est le mépris. C'est ce mépris qui rejaillit sur chaque accusé. L'appareil pénal est comme un appareil de transmission qui ferait rejaillir sur chaque accusé toute la quantité de souillure qu'enferme la totalité des milieux où habite le crime malheureux. Il y a dans le contact même avec l'appareil pénal une espèce d'horreur directement proportionnelle à l'innocence, à la partie de l'âme demeurée intacte. Ceux qui sont tout à fait pourris n'en reçoivent aucun dommage et n'en souffrent pas.

Il ne peut pas en être autrement s'il n'y a pas entre l'appareil pénal et le crime quelque chose qui purifie les souillures. Ce quelque chose ne peut être que Dieu. Seule la pureté infinie n'est pas contaminée par le contact du mal. Toute pureté finie, par ce contact prolongé, devient elle-même souillure. De quelque manière qu'on réforme le Code, le châtiment ne peut pas être humain s'il ne passe pas par le Christ.

Le degré de sévérité des peines n'est pas ce qu'il y a de plus important. Dans les conditions actuelles, un condamné, bien que coupable et soumis à une peine relativement clémente eu égard à sa faute, peut être le plus souvent légitimement regardé comme ayant été victime d'une cruelle injustice. L'important est que la peine soit légitime, c'est-à-dire procède directement de la loi ; que la loi soit reconnue comme ayant un caractère divin, non pas par son contenu, mais en tant que loi ; que toute l'organisation de la justice pénale ait pour fin d'obtenir des magistrats et de leurs aides, pour l'accusé, l'attention et le respect dû par tout homme à quiconque se trouve à sa discrétion, et de l'accusé le consentement à la peine infligée. ce consentement dont le Christ innocent a donné le parfait modèle.

Une condamnation à mort pour une faute légère, infligée de cette manière, serait moins horrible qu'aujourd'hui une condamnation à six mois de prison. Rien n'est plus affreux que le spectacle si fréquent d'un accusé, n'ayant dans la situation où il se trouve aucune ressource au monde sinon sa parole, mais incapable de manier la parole à cause de son origine sociale et de son manque de culture, abattu par la culpabilité, le malheur et la peur, balbutiant devant des juges qui n'écoutent pas et qui l'interrompent en faisant ostentation d'un langage raffiné.

Tant qu'il y aura du malheur dans la vie sociale, tant que l'aumône légale ou privée et le châtiment seront inévitables, la séparation entre les institutions civiles et la vie religieuse sera un crime. L'idée laïque prise en elle-même est tout à fait fausse. Elle n'a quelque légitimité que comme réaction contre une religion totalitaire. À cet égard il faut avouer qu'elle est pour une part légitime.

Pour pouvoir être, comme elle le doit, présente partout, la religion non seulement ne doit pas être totalitaire, mais doit se limiter elle-même rigoureusement au plan de l'amour surnaturel qui seul lui convient. Si elle le faisait, elle pénétrerait partout. La Bible dit : « La Sagesse pénètre partout à cause de sa parfaite pureté. »

Par l'absence du Christ la mendicité au sens le plus large et le fait pénal sont peut-être les choses les plus affreuses qu'il y ait sur cette terre, deux choses presque infernales. Elles ont la couleur même de l'enfer. On peut y joindre la prostitution, qui est au vrai mariage ce que sont l'aumône et le châtiment sans charité à l'aumône et au châtiment justes.

L'homme a reçu le pouvoir de faire du bien et du mal non seulement au corps, mais à l'âme de son semblable, à toute l'âme chez ceux en qui Dieu n'est pas présent, à toute la partie de l'âme qui n'est pas habitée par Dieu chez les autres. Si un homme habité par Dieu, par la puissance du mal ou simplement par le mécanisme charnel donne ou punit, ce qu'il porte en lui entre dans l'âme de l'autre à travers le pain ou le fer de l'épée. La matière du pain et le fer sont vierges, vides de bien et de mal, capables indifféremment de transmettre l'un et l'autre. Celui que le malheur contraint à recevoir le pain, à subir le coup, a l'âme exposée nue et sans défense à la fois au mal et au bien.

Il y a un seul moyen de ne jamais recevoir que du bien. C'est de savoir non pas abstraitement, mais avec toute l'âme que les hommes qui ne sont pas animés par la pure charité sont des rouages dans l'ordre du monde à la manière de la matière inerte. Dès lors tout vient directement de Dieu, soit à travers l'amour d'un homme, soit à travers l'inertie de la matière tangible ou psychique ; au travers de l'esprit ou de l'eau. Tout ce qui accroît l'énergie vitale en nous est comme le pain pour lequel le Christ remercie les justes ; tous les coups, les blessures et les mutilations sont comme une pierre lancée sur nous par la main même du Christ. Pain et pierre viennent du Christ, et pénétrant à l'intérieur de notre être font entrer en nous le Christ. Pain et pierre sont amour. Nous devons manger le pain et nous offrir à la pierre de manière qu'elle s'enfonce dans notre chair le plus avant possible. Si nous avons une armure capable de protéger notre âme contre les pierres lancées par le Christ, nous devons l'ôter et la jeter.

2

AMOUR DE L'ORDRE DU MONDE

L'amour de l'ordre du monde, de la beauté du monde, est ainsi le complément de l'amour du prochain.

Il procède du même renoncement, image du renoncement créateur de Dieu. Dieu fait exister cet univers en consentant à ne pas y commander, bien qu'il en ait le pouvoir, mais à laisser régner à sa place, d'une part la nécessité mécanique attachée à la matière, y compris la matière psychique de l'âme, d'autre part l'autonomie essentielle aux personnes pensantes.

Par l'amour du prochain nous imitons l'amour divin qui nous a créés nous-mêmes ainsi que tous nos semblables. Par l'amour de l'ordre du monde nous imitons l'amour divin qui a créé cet univers dont nous faisons partie.

L'homme n'a pas à renoncer à commander à la matière et aux âmes, puisqu'il n'en possède pas le pouvoir. Mais Dieu lui a conféré une image imaginaire de ce pouvoir, une divinité imaginaire, afin qu'il puisse lui aussi, bien qu'étant une créature, se vider de sa divinité.

Comme Dieu, étant hors de l'univers, en est en même temps réellement le centre, de même chaque homme a une situation imaginaire au centre du monde. L'illusion de la perspective le situe au centre de l'espace ; une illusion pareille fausse en lui le sens du temps ; et encore une autre illusion pareille dispose autour de lui toute la hiérarchie des valeurs. Cette illusion s'étend même au sentiment de l'existence, à cause de la liaison intime, en nous, du sentiment de la valeur et du sentiment de l'être ; l'être nous paraît de moins en moins dense à mesure qu'il est plus loin de nous.

Nous abaissons à son rang, au rang de l'imagination trompeuse, la forme spatiale de cette illusion. Nous y sommes obligés ; autrement nous ne percevrions pas un seul objet, nous ne nous dirigerions même pas assez pour savoir faire un seul pas d'une manière consciente. Dieu nous procure ainsi le modèle de l'opération qui doit transformer toute notre âme. Comme nous apprenons tout enfants à abaisser, à réprimer cette illusion dans le sentiment de l'espace, nous devons en faire autant à l'égard du sentiment du temps, de la valeur, de l'être. Autrement nous sommes incapables, sous tous les aspects autres que celui de l'espace, de discerner un seul objet, de diriger un seul pas.

Nous sommes dans l'irréalité, dans le rêve. Renoncer à notre situation centrale imaginaire, y renoncer non seulement par l'intelligence, mais aussi dans la partie imaginative de l'âme, c'est s'éveiller au réel, à l'éternel, voir la vraie lumière, entendre le vrai silence. Une transformation s'opère alors à la racine même de la sensibilité, dans la manière immédiate de recevoir les impressions sensibles et les impressions psychologiques. Une transformation analogue à celle qui se produit quand le soir, sur une route. à l'endroit où nous avions cru apercevoir un homme accroupi, nous discernons soudain un arbre ; ou quand, ayant cru entendre un chuchotement, nous discernons un froissement de feuilles. On voit les mêmes couleurs, on entend les mêmes sons, mais non pas de la même manière.

Se vider de sa fausse divinité, se nier soi-même, renoncer à être en imagination le centre du monde, discerner tous les points du monde comme étant des centres au même titre et le véritable centre comme étant hors du monde, c'est consentir au règne de la nécessité mécanique dans la matière et du libre choix au centre de chaque âme. Ce consentement est amour. La face de cet amour tournée vers les personnes pensantes est charité du prochain ; la face tournée vers la matière est amour de l'ordre du monde, ou, ce qui est la même chose, amour de la beauté du monde.

Dans l'Antiquité, l'amour de la beauté du monde tenait une très grande place dans les pensées et enveloppait la vie tout entière d'une merveilleuse poésie. Il en fut ainsi dans tous les peuples, en Chine, en Inde, en Grèce. Le stoïcisme grec, qui fut quelque chose de merveilleux et dont le christianisme primitif était infiniment proche, surtout la pensée de saint Jean, était à peu près exclusivement amour de la beauté du monde. Quant à Israël, certains endroits de l'Ancien Testament, dans les Psaumes, dans le livre de Job, dans Isaïe, dans les livres sapientiaux, enferment une expression incomparable de la beauté du monde.

L'exemple de saint François montre quelle place la beauté du monde peut tenir dans une pensée chrétienne. Non seulement son poème est de la poésie parfaite, mais toute sa vie fut de la poésie parfaite en action. Par exemple son choix des sites pour les retraites solitaires ou pour la fondation des couvents était par lui-même la plus belle poésie en acte. Le vagabondage, la pauvreté étaient poésie chez lui ; il se mit nu pour être en contact immédiat avec la beauté du monde.

Chez saint Jean de la Croix on trouve aussi quelques beaux vers sur la beauté du monde, Mais d'une manière générale, en faisant les réserves convenables pour les trésors inconnus ou peu connus peut-être enfouis parmi les choses oubliées du Moyen Âge, on peut dire que la beauté du monde est presque absente de la tradition chrétienne. Cela est étrange. La cause en est difficile à comprendre. C'est une lacune terrible. Comment le christianisme aurait-il droit de se dire catholique, si l'univers lui-même en est absent ?

Il est vrai qu'il est peu question de la beauté du monde dans l'Évangile. Mais dans ce texte si court qui, comme le dit saint Jean, est très loin de renfermer tous les enseignements du Christ, les disciples ont sans doute jugé inutile de mettre ce qui concernait un sentiment tellement répandu partout.

Cependant il en est question deux fois. Une fois le Christ prescrit de contempler et d'imiter les lis et les oiseaux pour leur indifférence à l'avenir, pour leur docilité au destin ; une autre fois, de contempler et d'imiter la distribution indiscriminée de la pluie et de la lumière du soleil.

La Renaissance a cru renouer les liens spirituels avec l'Antiquité par-dessus le christianisme, mais elle n'a guère pris à l'Antiquité que les produits seconds de son inspiration, l'art, la science et la curiosité à l'égard des choses humaines ; elle en a à peine effleuré l'inspiration centrale. Elle n'a pas retrouvé le contact avec la beauté du monde.

Aux XIe et XIIe siècles il y avait eu le début d'une renaissance qui aurait été la vraie si elle avait pu porter des fruits ; elle commençait à germer notamment dans le

Languedoc. Certains vers des troubadours sur le printemps font penser qu'en ce cas l'inspiration chrétienne et l'amour de la beauté du monde n'auraient peut-être pas été séparés. D'ailleurs, l'esprit occitanien mit sa marque en Italie et n'a peut-être pas été étranger à l'inspiration franciscaine. Mais, soit coïncidence, soit plus probablement liaison de cause à effet, ces germes ne survécurent nulle part à la guerre des Albigeois, sinon à l'état de vestiges.

Aujourd'hui, on pourrait croire que la race blanche a presque perdu la sensibilité à la beauté du monde, et qu'elle a pris à tâche de la faire disparaître dans tous les continents où elle a porté ses armes, son commerce et sa religion. Comme disait le Christ aux pharisiens : « Malheur à vous ! vous avez enlevé la clef de la connaissance ; vous n'entrez pas et vous ne laissez pas entrer les autres. »

Et pourtant à notre époque, dans les pays de race blanche, la beauté du monde est presque la seule voie par laquelle on puisse laisser pénétrer Dieu. Car nous sommes encore bien plus éloignés des deux autres. L'amour et le respect véritables des pratiques religieuses est rare chez ceux mêmes qui y sont assidus, et ne se trouvent presque jamais chez les autres. La plupart n'en conçoivent même pas la possibilité. En ce qui concerne l'usage surnaturel du malheur, la compassion et la gratitude sont non seulement choses rares, mais devenues aujourd'hui pour presque tous presque inintelligibles.

L'idée même en a presque disparu ; la signification même des mots est devenue basse.

Au lieu que le sentiment du beau, quoique mutilé, déformé et souillé, demeure irréductiblement dans le cœur de l'homme comme un puissant mobile. Il est présent dans toutes les préoccupations de la vie profane. S'il était rendu authentique et pur, il transporterait d'un bloc toute la vie profane aux pieds de Dieu, il rendrait possible l'incarnation totale de la foi.

D'ailleurs d'une manière générale la beauté du monde est la voie la plus commune, la plus facile, la plus naturelle.

Comme Dieu se précipite en toute âme dés qu'elle est entrouverte pour aimer et servir à travers elle les malheureux, de même aussi il s'y précipite pour aimer et admirer à travers elle la beauté sensible de sa propre création.

Mais le contraire est encore plus vrai. L'inclination naturelle de l'âme à aimer la beauté est le piège le plus fréquent dont se sert Dieu pour l'ouvrir au souffle d'en haut.

C'est le piège où fut prise Corê. Le parfum du narcisse faisait sourire le ciel tout entier là-haut, et la terre entière, et tout le gonflement de la mer. A peine la pauvre jeune fille eut-elle tendu la main qu'elle fut prise au piège. Elle était tombée aux mains du Dieu vivant. Quand elle en sortit, elle avait mangé le grain de grenade qui la liait pour toujours. Elle n'était plus vierge ; elle était l'épouse de Dieu.

La beauté du monde est l'orifice du labyrinthe. L'imprudent qui, étant entré, fait quelques pas, est après quelque temps hors d'état de retrouver l'orifice. Épuisé, sans rien à manger ni à boire, dans les ténèbres, séparé de ses proches, de tout ce qu'il aime, de tout ce qu'il connaît, il marche sans rien savoir, sans espérance, incapable même de se rendre compte s'il marche vraiment ou s'il tourne sur place. Mais ce malheur n'est rien auprès du danger qui le menace. Car s'il ne perd pas courage, s'il continue à marcher, il est tout à fait sûr qu'il arrivera finalement au centre du labyrinthe. Et là, Dieu l'attend pour le manger. Plus tard il ressortira, mais changé, devenu autre, ayant été mangé et digéré par Dieu. Il se tiendra alors auprès de l'orifice pour y pousser doucement ceux qui s'approchent.

La beauté du monde n'est pas un attribut de la matière en elle-même. C'est un rapport du monde à notre sensibilité, cette sensibilité qui tient à la structure de notre corps et de notre âme. Le Micromégas de Voltaire, un infusoire pensant n'auraient aucun accès à la beauté dont nous nous nourrissons dans l'univers. Au cas où de tels êtres existeraient, il faut avoir foi que le monde serait beau aussi pour eux ; mais ce serait une autre beauté. De toutes manières il faut avoir foi que l'univers est beau à toutes les échelles ; et plus généralement qu'il a la plénitude de la beauté par rapport à la structure corporelle et psychique de chacun des êtres pensants qui existent en fait et de tous les êtres pensants possibles. C'est même cette concordance d'une infinité de beautés parfaites qui fait le caractère transcendant de la beauté du monde. Néanmoins ce que nous éprouvons de cette beauté a été destiné à notre sensibilité humaine.

La beauté du monde est la coopération de la Sagesse divine à la création. « Zeus a achevé toutes choses, dit un vers orphique, et Bacchus les a parachevées. » Le parachèvement, c'est la création de la beauté. Dieu a créé l'univers, et son Fils, notre frère premier-né, en a créé la beauté pour nous. La beauté du monde, c'est le sourire de tendresse du Christ pour nous à travers la matière. Il est réellement présent dans la beauté universelle. L'amour de cette beauté procède de Dieu descendu dans notre âme et va vers Dieu présent dans l'univers. C'est aussi quelque chose comme un sacrement.

Il n'en est ainsi que de la beauté universelle. Mais, excepté Dieu, seul l'univers tout entier petit avec une entière propriété de termes être nommé beau. Tout ce qui est dans l'univers et moindre que l'univers peut être nommé beau seulement en étendant ce mot au-delà de sa signification rigoureuse, aux choses qui ont indirectement part à la beauté, qui en sont des imitations.

Toutes ces beautés secondaires sont d'un prix infini comme ouvertures sur la beauté universelle. Mais si on s'arrête à elles, elles sont au contraire des voiles ; elles sont alors corruptrices. Toutes enferment plus ou moins cette tentation, mais à des degrés très divers.

Il y a aussi quantité de facteurs de séduction qui sont tout à fait étrangers à la beauté, mais à cause desquels, par manque de discernement on nomme belles les choses où ils résident. Car ils attirent l'amour par fraude, et tous les hommes nomment beau tout ce qu'ils aiment. Tous les hommes, même les plus ignorants, même les plus vils, savent que la beauté seule a droit à notre amour. Les plus authentiquement grands le savent aussi. Aucun homme n'est au-dessous de la beauté. Les mots qui expriment la beauté ni au-dessus viennent aux lèvres de tous dès qu'ils veulent louer ce qu'ils aiment. Ils savent seulement plus ou moins bien la discerner.

La beauté est la seule finalité ici-bas. Comme Kant a très bien dit, c'est une finalité qui ne contient aucune fin. Une chose belle ne contient aucun bien, sinon elle-même, dans sa totalité, telle qu'elle nous apparaît. Nous allons vers elle sans savoir quoi lui demander. Elle nous offre sa propre existence. Nous ne désirons pas autre chose, nous possédons cela, et pourtant nous désirons encore. Nous ignorons tout à fait quoi. Nous voudrions aller derrière la beauté, mais elle n'est que surface. Elle est comme un miroir qui nous renvoie notre propre désir du bien. Elle est un sphinx, une énigme, un mystère douloureusement irritant. Nous voudrions nous en nourrir, mais elle n'est qu'objet de regard, elle n'apparaît qu'à une certaine distance. La grande douleur de la vie humaine, c'est que regarder et manger soient deux opérations différentes. De l'autre côté du ciel seulement, dans le pays habité par Dieu, c'est une seule et même opération. Déjà les enfants, quand ils regardent longtemps un gâteau et le prennent presque à regret pour le manger, sans pouvoir pourtant s'en empêcher, éprouvent cette douleur. Peut-être les vices, les dépravations et les crimes sont-ils presque toujours ou même toujours dans leur essence des tentatives pour manger la beauté, manger ce qu'il faut seulement regarder. Ève avait commencé. Si elle a perdu l'humanité en mangeant un fruit, l'attitude inverse, regarder un fruit sans le manger, doit être ce qui sauve. « Deux compagnons ailés, dit une Upanishad, deux oiseaux sont sur une branche d'arbre. L'un mange les fruits, l'autre les regarde. » Ces deux oiseaux sont les deux parties de notre âme.

C'est parce que la beauté ne contient aucune fin qu'elle constitue ici-bas l'unique finalité. Car ici-bas il n'y a pas du tout de fins. Toutes ces choses que nous prenons pour des fins sont des moyens. C'est là une vérité évidente. L'argent est un moyen d'acheter, le pouvoir est un moyen de commander. Il en est ainsi, plus ou moins visiblement, de tout ce que nous nommons des biens.

La beauté seule n'est pas un moyen pour autre chose. Seule elle est bonne en elle-même, mais sans que nous trouvions en elle aucun bien. Elle semble être elle-même une promesse et non un bien. Mais elle ne donne qu'elle-même, elle ne donne jamais autre chose.

Néanmoins, comme elle est l'unique finalité, elle est présente dans toutes les poursuites humaines. Bien que toutes pourchassent seulement des moyens, car tout ce qui existe ici-bas est seulement moyen, la beauté leur donne un éclat qui les colore de finalité. Autrement il ne pourrait pas y avoir désir, ni par conséquent énergie dans la poursuite.

Pour l'avare du genre Harpagon, toute la beauté du monde est enfermée dans l'or. Et réellement l'or, matière pure et brillante, a quelque chose de beau. La disparition de l'or comme monnaie semble avoir fait disparaître aussi ce genre d'avarice. Aujourd'hui, ceux qui amassent sans dépenser cherchent du pouvoir.

La plupart de ceux qui recherchent la richesse y joignent la pensée du luxe. Le luxe est la finalité de la richesse. Et le luxe est la beauté elle-même pour toute une espèce d'hommes. Il constitue l'entourage dans lequel seulement ils peuvent sentir vaguement que l'univers est beau ; de même que saint François, pour sentir que l'univers est beau, avait besoin d'être vagabond et mendiant. L'un et l'autre moyen serait également légitime si dans l'un et l'autre cas la beauté du monde était éprouvée d'une manière aussi directe, aussi pure, aussi pleine ; mais heureusement Dieu a voulu qu'il n'en fût pas ainsi. La pauvreté a un privilège. C'est là une disposition providentielle sans laquelle l'amour de la beauté du monde serait facilement en contradiction avec l'amour du prochain. Néanmoins l'horreur de la pauvreté - et toute diminution de richesse peut être ressentie comme pauvreté ou même le non-accroissement - est essentiellement l'horreur de la laideur. L'âme que les circonstances empêchent de rien sentir, même confusément, même à travers le mensonge, de la beauté du monde, est envahie jusqu'au centre par une espèce d'horreur.

L'amour du pouvoir revient au désir d'établir un ordre parmi les hommes et les choses autour de soi, dans un cadre grand ou petit, et cet ordre est désirable par l'effet du sentiment du beau. Dans ce cas comme dans celui du luxe, il s'agit d'imprimer à un certain milieu fini, mais que souvent on désire continuellement accroître, un arrangement qui donne l'impression de la beauté universelle. L'insatisfaction, le désir d'accroissement, a précisément pour cause qu'on désire le contact de la beauté universelle, alors que le milieu qu'on organise n'est pas l'univers. Il n'est pas l'univers et il le cache. L'univers tout autour est comme un décor de théâtre.

Valéry, dans le poème intitulé Sémiramis, fait très bien sentir le lien entre l'exercice de la tyrannie et l'amour du beau. Louis XIV, en dehors de la guerre, instrument d'accroissement du pouvoir, ne s'intéressait qu'aux fêtes et à l'architecture. La guerre elle-même d'ailleurs, surtout telle qu'elle était autrefois, touche d'une manière vive et poignante la sensibilité au beau.

L'art est une tentative pour transporter dans une quantité finie de matière modelée par l'homme une image de la beauté infinie de l'univers entier. Si la tentative est réussie, cette portion de matière ne doit pas cacher l'univers, mais au contraire en révéler la réalité tout autour.

Les œuvres d'art qui ne sont pas des reflets justes et purs de la beauté du monde, des ouvertures directes pratiquées sur elle, ne sont pas à proprement parler belles ; elles ne sont pas de premier ordre ; leurs auteurs peuvent avoir beaucoup de talent, mais non pas authentiquement du génie. C'est le cas de beaucoup d'œuvres d'art parmi les plus célèbres et les plus vantées. Tout véritable artiste a eu un contact réel, direct, immédiat avec la beauté du monde, ce contact qui est quelque chose comme un sacrement. Dieu a inspiré toute œuvre d'art de premier ordre, le sujet en fût-il mille fois profane ; il n'a inspiré aucune des autres. En revanche, parmi les autres, l'éclat de la beauté qui recouvre certaines pourrait bien être un éclat diabolique.

La science a pour objet l'étude et la reconstruction théorique de l'ordre du monde. L'ordre du monde par rapport à la structure mentale, psychique et corporelle de l'homme ; contrairement aux illusions naïves de certains savants, ni l'emploi des télescopes et des microscopes, ni l'usage des formules algébriques les plus singulières, ni même le mépris du principe de non-contradiction ne permettent de sortir des limites de cette structure. Ce n'est d'ailleurs pas désirable. L'objet de la science, c'est la présence dans l'univers de la Sagesse dont nous sommes les frères, la présence du Christ au travers de la matière qui constitue le monde.

Nous reconstruisons nous-mêmes l'ordre du monde en image, à partir de données limitées, dénombrables, rigoureusement définies. Entre ces termes abstraits et par là maniables pour nous., nous nouons nous-mêmes des liens en concevant des rapports. Nous pouvons ainsi contempler dans une image, image dont l'existence même est suspendue à l'acte de notre attention, la nécessité qui est la substance même de l'univers, mais qui comme telle ne se manifeste à nous que par des coups.

On ne contemple pas sans quelque amour. La contemplation de cette image de l'ordre du monde constitue un certain contact avec la beauté du monde. La beauté du monde, c'est l'ordre du monde aimé.

Le travail physique constitue un contact spécifique avec la beauté du monde, et même dans les meilleurs moments, un contact d'une plénitude telle que nul équivalent ne peut s'en trouver ailleurs. L'artiste, le savant, le penseur, le contemplatif doivent pour admirer réellement l'univers percer cette pellicule d'irréalité qui le voile et en fait pour presque tous les hommes, à presque tous les moments de leur vie, un rêve ou un décor de théâtre. Ils le doivent, mais le plus souvent ne le peuvent pas. Celui qui a les membres rompus par l'effort d'une journée de travail, c'est-à-dire d'une journée où il a été soumis à la matière, porte dans sa chair comme une épine la réalité de l'univers. La difficulté pour lui est de regarder et d'aimer ; s'il y arrive, il aime le réel.

C'est l'immense privilège que Dieu a réservé à ses pauvres. Mais ils ne le savent presque jamais. On ne le leur dit pas. L'excès de fatigue, le souci harcelant de l'argent et le manque de vraie culture les empêchent de s'en apercevoir. Il suffirait de changer peu de chose à leur condition pour leur ouvrir l'accès d'un trésor. Il est déchirant de voir combien il serait facile aux hommes dans bien des cas de procurer à leurs semblables un trésor, et comment ils laissent passer les siècles sans en prendre la peine.

À l'époque où il y avait une civilisation populaire dont nous collectionnons aujourd'hui les miettes comme pièces de musée sous le nom de folklore, le peuple avait sans doute accès à ce trésor. La mythologie aussi, qui est très proche parente du folklore, en est un témoignage, si on en déchiffre la poésie.

L'amour charnel sous toutes ses formes, de la plus haute, véritable mariage ou amour platonique, jusqu'à la plus basse, jusqu'à la débauche, a pour objet la beauté du monde. L'amour qui s'adresse au spectacle des cieux, des plaines, de la mer, des montagnes, au silence de la nature rendu sensible par ses mille bruits légers, aux souffles des vents, à la chaleur du soleil, cet amour que tout être. humain pressent tout au moins vaguement un moment, c'est un amour incomplet, douloureux, parce qu'il s'adresse à des choses incapables de répondre, à de la matière. Les hommes désirent reporter ce même amour sur un être qui soit leur semblable, capable de répondre à l'amour, de dire oui, de se livrer. Le sentiment de beauté parfois lié à l'aspect d'un être humain rend ce transfert possible tout au moins d'une manière illusoire. Mais c'est la beauté du monde, la beauté universelle vers laquelle se dirige le désir.

Cette espèce de transfert est ce qu'exprime toute la littérature qui entoure l'amour, depuis les métaphores et les comparaisons les plus anciennes, les plus usées de la poésie jusqu'aux analyses subtiles de Proust.

Le désir d'aimer dans un être humain la beauté du monde est essentiellement le désir de l'Incarnation. C'est par erreur qu'il croit être autre chose. L'Incarnation seule peut le satisfaire. Aussi est-ce bien à tort qu'on reproche parfois aux mystiques d'employer le langage amoureux. C'est eux qui en sont les légitimes propriétaires. Les autres n'ont droit qu'à l'emprunter.

Si l'amour charnel à tous les niveaux va plus ou moins vers la beauté - et les exceptions ne sont peut-être qu'apparentes - c'est que la beauté dans un être humain fait de lui pour l'imagination quelque chose comme un équivalent de l'ordre du monde.

C'est pour cela que les péchés dans ce domaine sont graves. Ils constituent une offense à Dieu du fait même que l'âme est inconsciemment en train de chercher Dieu. D'ailleurs, ils se ramènent tous à un seul qui consiste à vouloir plus ou moins se passer du consentement. Vouloir s'en passer tout à fait est parmi tous les crimes humains de beaucoup le plus affreux. Quoi de plus horrible que de ne pas respecter le consentement d'un être en qui on cherche, bien que sans le savoir, un équivalent de Dieu ?

C'est un crime encore, quoique moins grave, de se contenter d'un consentement issu d'une région basse ou superficielle de l'âme. Qu'il y ait ou non union charnelle, l'échange d'amour est illégitime si de part et d'autre le consentement ne procède pas de ce point central de l'âme où le oui ne peut être qu'éternel. L'obligation du mariage, que l'on regarde aujourd'hui si souvent comme une simple convention sociale, est inscrite dans la nature même de la pensée humaine par l'affinité entre l'amour charnel et la beauté. Tout ce qui a quelque rapport à la beauté doit être soustrait au cours du temps. La beauté est l'éternité ici-bas.

Il n'est pas étonnant que l'homme ait si souvent dans la tentation le sentiment d'un absolu qui le dépasse infiniment, auquel on ne peut résister. L'absolu est bien là. Mais on fait erreur en croyant qu'il réside dans le plaisir.

L'erreur est l'effet de ce transfert d'imagination qui est le mécanisme capital de la pensée humaine. L'esclave dont parle job, qui dans la mort cessera d'entendre la voix de son maître, croit que cette voix lui fait mal.

Ce n'est que trop vrai. La voix ne lui fait que trop mal. Pourtant il fait erreur. La voix par elle-même n'est pas douloureuse. S'il n'était pas esclave elle ne lui causerait aucune peine. Mais parce qu'il est esclave, la douleur et la brutalité des coups de fouet entre avec la voix par l'ouïe jusqu'au fond de l'âme. Il ne peut y faire obstacle. Le malheur a noué ce lien.

De même l'homme qui croit être maîtrisé par le plaisir est maîtrisé en réalité par l'absolu qu'il y a logé. Cet absolu est au plaisir comme les coups de fouet à la voix du maître ; mais la liaison n'est pas ici l'effet du malheur, elle est l'effet d'un crime initial, un crime d'idolâtrie. Saint Paul a marqué la parenté entre le vice et l'idolâtrie.

Celui qui a logé l'absolu dans le plaisir ne peut pas ne pas en être maîtrisé. L'homme ne lutte pas contre l'absolu. Celui qui a su loger l'absolu hors du plaisir possède la perfection de la tempérance.

Les différentes espèces de vices, l'usage de stupéfiants au sens littéral ou métaphorique du mot, tout cela constitue la recherche d'un état où la beauté du monde soit sensible. L'erreur consiste précisément dans la recherche d'un état spécial. La fausse mystique est aussi une forme de cette erreur. Si l'erreur est assez enfoncée dans l'âme, l'homme ne peut pas ne pas y succomber.

D'une manière générale tous les goûts des hommes, depuis les plus coupables jusqu'aux plus innocents, depuis les plus communs jusqu'aux plus singuliers, ont rapport à un ensemble de circonstances, à un milieu où il leur semble avoir accès à la beauté du monde. Le privilège de tel ou tel ensemble de circonstances est dû au tempérament, aux traces de la vie passée, à des causes le plus souvent impossibles à connaître.

Il n'y a qu'un cas, d'ailleurs fréquent, où l'attrait du plaisir sensible n'est pas celui du contact avec la beauté ; c'est quand il procure au contraire un refuge contre elle.

L'âme ne cherche que le contact avec la beauté du monde, ou, à un niveau plus élevé encore, avec Dieu ; mais en même temps elle le fuit. Quand l'âme fuit quelque chose, elle fuit toujours, soit l'horreur de la laideur, soit le contact avec ce qui est vraiment pur. Car tout ce qui est médiocre fuit la lumière ; et dans toutes les âmes, excepté celles qui sont proches de la perfection, il y a une grande partie médiocre. Cette partie est prise de panique toutes les fois qu'apparaît un peu de beau pur, de bien pur ; elle se cache derrière la chair, elle la prend comme voile. Comme un peuple belliqueux a réellement besoin, pour réussir dans ses entreprises conquérantes, de recouvrir son agression d'un prétexte quelconque, la qualité du prétexte étant d'ailleurs tout à fait indifférente, de même la partie médiocre de l'âme a besoin d'un léger prétexte pour fuir la lumière. L'attrait du plaisir, la crainte de la douleur fournissent ce prétexte. Là encore, ce n'est pas le plaisir, c'est l'absolu qui maîtrise l'âme, mais comme objet de répulsion et non plus comme objet d'attirance. Très souvent aussi dans la recherche du plaisir charnel les deux mouvements se combinent, le mouvement de courir vers la beauté pure et le mouvement de fuir loin d'elle, dans un enchevêtrement indiscernable.

De toutes manières dans les occupations humaines quelles qu'elles soient, le souci de la beauté du monde, aperçue dans des images plus ou moins difformes ou souillées, n'est jamais absent. Par suite il n'y a pas dans la vie humaine de région qui soit le domaine de la nature. Le surnaturel est présent partout en secret ; sous mille formes diverses la grâce et le péché mortel sont partout.

Entre Dieu et ces recherches partielles, inconscientes, parfois criminelles de la beauté, la seule médiation est la beauté du monde. Le christianisme ne s'incarnera pas tant qu'il ne se sera pas adjoint la pensée stoïcienne, la piété filiale pour, la cité du monde, pour la patrie d'ici-bas qui est l'univers. Le jour où, par l'effet d'un malentendu aujourd'hui bien difficile à comprendre, le christianisme s'est séparé du stoïcisme, il s'est condamné à une existence abstraite et séparée.

Les accomplissements même les plus élevés de la recherche de la beauté, par exemple dans l'art ou la science, ne sont pas réellement beaux. La seule beauté réelle, la seule beauté qui soit présence réelle de Dieu, c'est la beauté de l'univers. Rien de ce qui est plus petit que l'univers n'est beau.

L'univers est beau comme serait belle une œuvre

d'art parfaite s'il pouvait y en avoir une qui méritât ce nom. Aussi ne contient-il rien qui puisse constituer une fin ou un bien. Il ne contient aucune finalité, hors la beauté universelle elle-même. C'est la vérité essentielle à connaître concernant cet univers, qu'il est absolument vide de finalité. Aucun rapport de finalité n'y est applicable, sinon par mensonge ou par erreur.

Dans un poème, si l'on demande pourquoi tel mot est à tel endroit, et s'il y a une réponse, ou bien le poème n'est pas de premier ordre, ou bien le lecteur n'a rien compris. Si on peut dire légitimement que le mot est là où il est pour exprimer telle idée, ou pour la liaison grammaticale, ou pour la rime, ou pour une allitération, ou pour remplir le vers, ou pour une certaine coloration, ou même pour plusieurs motifs de ce genre à la fois, il y a eu recherche de l'effet dans la composition du poème, il n'y a pas eu véritable inspiration. Pour un poème vraiment beau, la seule réponse. c'est que le mot est là parce qu'il convenait qu'il y fût. La preuve de cette convenance, c'est qu'il est là, et que le poème est beau. Le poème est beau, c'est-à-dire que le lecteur ne souhaite pas qu'il soit autre.

C'est ainsi que l'art imite la beauté du monde. La convenance des choses, des êtres, des événements consiste seulement en ceci, qu'ils existent et que nous ne devons pas souhaiter qu'ils n'existent pas ou qu'ils aient été autres. Un tel souhait est une impiété à l'égard de notre patrie universelle, un manquement à l'amour stoïcien de l'univers. Nous sommes constitués d'une manière telle que cet amour est en fait possible ; et c'est cette possibilité qui a pour nom la beauté du monde.

La question de Beaumarchais : « Pourquoi ces choses et non pas d'autres ? » n'a jamais de réponse, parce que l'univers est vide de finalité. L'absence de finalité, c'est le règne de la nécessité. Les choses ont des causes et non des fins. Ceux qui croient discerner des desseins particuliers de la Providence ressemblent aux professeurs qui se livrent aux dépens d'un beau poème à ce qu'ils nomment l'explication du texte.

L'équivalent dans l'art de ce règne de la nécessité, c'est la résistance de la matière et les règles arbitraires. - La rime impose au poète dans la choix des mots une direction absolument sans rapport avec la suite des idées. Elle a dans la poésie une fonction peut-être analogue à celle du malheur dans la vie. Le malheur force à sentir avec toute l'âme l'absence de la finalité.

Si l'orientation de l'âme est l'amour, plus on contemple la nécessité, plus on en serre contre soi, à même la chair, la dureté et le froid métalliques, plus on s'approche de la beauté du monde. C'est ce qu'éprouve Job. C'est parce qu'il fut si honnête. dans sa souffrance, parce qu'il n'admit en lui-même aucune pensée susceptible d'en altérer la vérité, que Dieu descendit vers lui pour lui révéler la beauté du monde.

C'est parce que l'absence de finalité, l'absence d'intention est l'essence de la beauté du monde que le Christ nous a prescrit de regarder comment la pluie et la lumière du soleil descendent sans discrimination sur les justes et les méchants. Cela rappelle le cri suprême de Prométhée : « Ciel par qui pour tous la commune lumière tourne. » Le Christ nous commande d'imiter cette beauté. Platon dans le *Timée* nous conseille aussi de nous rendre à force de contemplation semblables à la beauté du monde, semblables à l'harmonie des mouvements circulaires qui font succéder et revenir les jours et les nuits, les mois, les saisons, les années. Dans ces mouvements circulaires aussi, dans leur combinaison, l'absence d'intention et de finalité est manifeste ; et la beauté pure y resplendit.

C'est parce qu'il peut être aimé par nous, c'est parce qu'il est beau que l'univers est une patrie. C'est notre unique patrie ici-bas. Cette pensée est l'essence de la sagesse des stoïciens. Nous avons une patrie céleste. Mais en un sens elle est trop difficile à aimer, parce que nous ne la connaissons pas ; surtout, en un sens, elle est trop facile à aimer, parce que nous pouvons l'imaginer comme il nous plaît. Nous risquons d'aimer sous ce nom une fiction. Si l'amour de cette fiction est assez fort, il rend toute vertu facile, mais aussi de peu de valeur. Aimons la patrie d'ici-bas. Elle est réelle ; elle résiste à l'amour. C'est elle que Dieu nous a donné à aimer. Il a voulu qu'il fût difficile et cependant possible de l'aimer.

Nous nous sentons ici-bas étrangers, déracinés, en exil. De même Ulysse, que des marins avaient transporté pendant son sommeil, s'éveillait dans un pays inconnu, et désirait Ithaque d'un désir qui lui déchirait l'âme. Soudain Athéna lui dessilla les yeux, et il s'aperçut qu'il était dans Ithaque. De même tout homme qui désire infatigablement sa patrie, qui n'est distrait de son désir ni par Calypso ni par les Sirènes, s'aperçoit soudain un jour qu'il est dans sa patrie.

L'imitation de la beauté du monde, la réponse à l'absence de finalité, d'intention, de discrimination, c'est l'absence d'intention en nous, c'est la renonciation à la volonté propre. Être parfaitement obéissants, c'est être parfaits comme notre Père, céleste est parfait.

Parmi les hommes, un esclave ne se rend pas semblable à son maître en lui obéissant. Au contraire, plus il est soumis, plus est grande la distance entre lui et celui qui commande.

Il en est autrement de l'homme à Dieu. Une créature raisonnable devient autant qu'il lui appartient l'image parfaite du Tout-Puissant si elle est absolument obéissante.

Ce qui en l'homme est l'image même de Dieu, c'est quelque chose qui en nous est attaché au fait d'être une personne, mais qui n'est pas ce fait lui-même. C'est la faculté de renoncement à la personne. C'est l'obéissance.

Toutes les fois qu'un homme s'élève à un degré d'excellence qui fait de lui par participation un être divin, il apparaît en lui quelque chose d'impersonnel, d'anonyme. Sa voix s'enveloppe de silence. Cela est manifeste dans les grandes oeuvres de l'art et de la pensée, dans les grandes actions des saints et dans leurs paroles.

Il est donc vrai en un sens qu'il faut concevoir Dieu comme impersonnel, en ce sens qu'Il est le modèle divin d'une personne qui se dépasse elle-même en se renonçant. Le concevoir comme une personne toute-puissante, ou bien, sous le nom du Christ, comme une personne humaine, c'est s'exclure du véritable amour de Dieu. C'est pourquoi il faut aimer la perfection du Père céleste dans la diffusion égale de la lumière du soleil. Le modèle divin, absolu, de ce renoncement en nous qui est l'obéissance, tel est le principe créateur et ordonnateur de l'univers, telle est la plénitude de l'être.

C'est parce que le renoncement à être une personne fait de l'homme le reflet de Dieu qu'il est si affreux de réduire les hommes à l'état de matière inerte en les précipitant dans le malheur. Avec la qualité de personne humaine, on leur enlève la possibilité d'y renoncer, excepté ceux qui sont déjà suffisamment préparés. Comme Dieu a créé notre autonomie pour que nous ayons la possibilité d'y renoncer par amour, pour la même raison nous devons vouloir la conservation de l'autonomie chez nos semblables. Celui qui est parfaitement obéissant tient pour infiniment précieuse la faculté de libre choix dans les hommes.

De même il n'y a pas contradiction entre l'amour de la beauté du monde et la compassion. Cet amour n'empêche pas de souffrir pour soi-même quand on est malheureux. Il n'empêche pas non plus de souffrir parce que d'autres sont malheureux. Il est sur un autre plan que la souffrance.

L'amour de la beauté du monde, tout en étant universel, entraîne comme amour secondaire et subordonné à lui-même l'amour de toutes les choses vraiment précieuses que la mauvaise fortune peut détruire. Les choses vraiment précieuses ce sont celles qui constituent des échelons vers la beauté du monde, des ouvertures sur elles. Celui qui est allé plus loin, jusqu'à la beauté du monde elle-même, ne leur porte pas un amour moindre, mais beaucoup plus grand qu'auparavant.

De ce nombre sont les accomplissements purs et authentiques de l'art et de la science. D'une manière beaucoup plus générale, c'est tout ce qui enveloppe de poésie la vie humaine à travers toutes les couches sociales. Tout être humain est enraciné ici-bas par une certaine poésie terrestre, reflet de la lumière céleste, qui est son lien plus ou moins vaguement senti avec sa patrie universelle. Le malheur est le déracinement.

Les cités humaines principalement, chacune plus ou moins selon son degré de perfection, enveloppent de poésie la vie de leurs habitants. Elles sont des images et des reflets de la cité du monde. Au reste, plus elles ont la forme de nation, plus elles prétendent à être elles-mêmes des patries, plus elles sont des images difformes et souillées. Mais détruire des cités, soit matériellement, soit moralement, ou bien exclure des êtres humains de la cité en les précipitant parmi les déchets sociaux, c'est couper tout lien de poésie et d'amour entre des âmes humaines et l'univers. C'est les plonger de force dans l'horreur de la laideur. Il n'y a guère de crime plus grand. Nous avons tous par complicité part à une quantité presque innombrable de tels crimes Nous devrions tous, si seulement nous pouvions comprendre, en pleurer des larmes de sang.

3

AMOUR DES PRATIQUES RELIGIEUSES

L'amour de la religion instituée, quoique le nom de Dieu y soit nécessairement présent, n'est pourtant pas par lui-même un amour explicite, mais implicite de Dieu. Car il n'enferme pas un contact direct, immédiat avec Dieu. Dieu est présent dans les pratiques religieuses, quand elles sont pures, de la même manière que dans le prochain et dans la beauté du monde ; non pas davantage.

La forme que prend dans l'âme l'amour de la religion diffère beaucoup selon les circonstances de la vie. Certaines circonstances empêchent que cet amour prenne même naissance ou bien le tuent avant qu'il ait pu prendre beaucoup de force. Certains hommes contractent malgré eux, dans le malheur, la haine et le mépris de la religion, parce que la cruauté, l'orgueil ou la corruption de certains de ses ministres les ont fait souffrir. D'autres ont été élevés dès leur enfance dans un milieu imprégné de cet esprit. Il faut penser qu'en pareil cas, par la miséricorde de Dieu, l'amour du prochain et celui de la beauté du monde, s'ils sont assez forts et assez purs, sont suffisants pour conduire l'âme à n'importe quelle hauteur.

L'amour de la religion instituée a normalement pour objet la religion dominante du pays ou du milieu où on a été élevé. C'est à elle que tout homme pense d'abord, par l'effet d'une habitude entrée dans l'âme avec la vie, toutes les fois qu'il pense à un service de Dieu.

La vertu des pratiques religieuses peut être conçue tout entière d'après la tradition bouddhiste concernant la récitation du nom du Seigneur. On dit que le Bouddha aurait fait vœu d'élever jusqu'à lui, dans le Pays de la Pureté, tous ceux qui réciteraient son nom avec le désir d'être sauvés par lui ; et qu'à cause de ce vœu la récitation du nom du Seigneur a réellement la vertu de transformer l'âme.

La religion n'est pas autre chose que cette promesse de Dieu. Toute pratique religieuse, tout rite, toute liturgie est une forme de la récitation du nom du Seigneur, et doit en principe avoir réellement une vertu ; la vertu de sauver quiconque s'y adonne avec ce désir.

Toutes les religions prononcent dans leur langue le nom du Seigneur. Le plus souvent, il vaut mieux pour un homme nommer Dieu dans sa langue natale plutôt que dans une langue étrangère. Sauf exception, l'âme est incapable de s'abandonner complètement au moment où elle doit s'imposer le léger effort de chercher les mots d'une langue étrangère, même bien connue.

Un écrivain dont la langue natale est pauvre, peu maniable et peu répandue dans le monde est très fortement tenté d'en adopter une autre. Il y a eu quelques cas de réussite éclatante, comme Conrad, mais très rares. Sauf exception un tel changement fait du mal, dégrade la pensée et le style ; l'écrivain reste médiocre et mal à l'aise dans le langage adopté.

Un changement de religion est pour l'âme comme un changement de langage pour un écrivain. Toutes les religions, il est vrai, ne sont pas également aptes à la récitation correcte du nom du Seigneur. Certaines sans doute sont des intermédiaires très imparfaits. Il faut que la religion d'Israël, par exemple, ait été un intermédiaire vraiment très imparfait pour qu'on ait pu crucifier le Christ. La religion romaine ne méritait peut-être même à aucun degré le nom de religion.

Mais d'une manière générale la hiérarchie des religions est une chose très difficile à discerner, presque impossible, peut-être tout à fait impossible. Car une religion se connaît de l'intérieur. Les catholiques le disent du catholicisme, mais c'est vrai de toute religion. La religion est une nourriture. Il est difficile d'apprécier par le regard la saveur et la valeur alimentaire d'un aliment qu'on n'a jamais mangé.

La comparaison des religions n'est possible dans une

certaine mesure que par la vertu miraculeuse de la sympathie. On peut dans une certaine mesure connaître les hommes si en même temps qu'on les observe du dehors on transporte en eux pour un temps sa propre âme à force de sympathie. De même l'étude de différentes religions ne conduit à une connaissance qui si on se transporte pour un temps, par la foi, au centre même de celle qu'on étudie. Par la foi au sens le plus fort du mot.

C'est ce qui n'arrive presque jamais. Car les uns n'ont aucune foi ; les autres ont foi exclusivement dans une religion et n'accordent aux autres que l'espèce d'attention qu'on accordent des coquillages de forme étrange. D'autres encore se croient capables d'impartialité parce qu'ils ont une vague religiosité qu'ils tournent indifféremment n'importe où. Il faut au contraire avoir accordé toute son attention, toute sa foi, tout son amour à une religion particulière pour pouvoir penser à chaque autre religion avec le plus haut degré d'attention, de foi et d'amour qu'elle comporte. De même ce sont ceux qui sont capables d'amitié, non les autres, qui peuvent aussi s'intéresser de tout leur cœur au sort d'un inconnu.

Dans tous les domaines, l'amour n'est réel que dirigé sur un objet particulier ; il devient universel sans cesser d'être réel seulement par l'effet de l'analogie et du transfert.

Soit dit en passant, la connaissance de ce que sont l'analogie et le transfert, connaissance pour laquelle la mathématique, les diverses sciences et la philosophie sont une préparation, a ainsi un rapport direct avec l'amour.

Aujourd'hui, en Europe et peut-être même dans le monde, la connaissance comparée des religions est à peu près nulle. On n'a même pas la notion de la possibilité d'une telle connaissance. Même sans les préjugés qui nous font obstacle, le pressentiment de cette connaissance est déjà quelque chose de très difficile. Il y a entre les différentes formes de vie religieuse, comme compensation partielle des différences visibles, certaines équivalences cachées que peut-être le discernement le plus aigu peut seulement entrevoir. Chaque religion est une combinaison originale de vérités explicites et de vérités implicites ; ce qui est explicite chez l'une est implicite dans telle autre. L'adhésion implicite à une vérité peut quelquefois avoir autant de vertu qu'une adhésion explicite, et quelquefois même beaucoup plus. Celui qui connaît le secret des cœurs connaît seul aussi le secret des différentes formes de la foi. Il ne nous a pas révélé ce secret, quoi qu'on dise.

Quand on est né dans une religion qui n'est pas trop impropre à la prononciation du nom du Seigneur, quand on aime cette religion natale d'un amour bien orienté et pur, il est difficile de concevoir un motif légitime de l'abandonner, avant qu'un contact direct avec Dieu soumette l'âme à la volonté divine elle-même. Au-delà de ce seuil, le changement n'est légitime que par obéissance. L'histoire montre qu'en fait, cela se produit rarement. Le plus souvent, toujours peut-être, l'âme parvenue aux plus hautes régions spirituelles est confirmée dans l'amour de la tradition qui lui a servi d'échelle.

Si l'imperfection de la religion natale est trop grande, ou si elle apparaît dans le milieu natal sous une forme trop corrompue, ou bien si les circonstances ont empêché de naître ou tué l'amour de cette religion, l'adoption d'une religion étrangère est légitime. Légitime et nécessaire pour certains ; non pas sans doute pour tous. Il en est de même à l'égard de ceux qui ont été élevés sans aucune pratique religieuse.

Dans tous les autres cas, changer de religion est une décision extrêmement grave, et il est encore bien plus grave de pousser un autre à le faire. Il est encore infiniment plus grave d'exercer en ce sens une pression officielle dans des pays conquis.

En revanche, malgré les divergences religieuses qui existent sur les territoires d'Europe et d'Amérique, on peut dire qu'en droit, directement ou indirectement, de près ou de loin, la religion catholique est le milieu spirituel natal de tous les hommes de race blanche.

La vertu des pratiques religieuses consiste dans l'efficacité du contact avec ce qui est parfaitement pur pour la destruction du mal. Rien ici-bas n'est parfaitement pur, sinon la beauté totale de l'univers, qu'il n'est pas en notre pouvoir de ressentir directement avant d'avoir beaucoup avancé vers la perfection. Cette beauté totale n'est d'ailleurs enfermée dans rien de sensible, quoiqu'elle soit sensible en un sens.

Les choses religieuses sont des choses sensibles particulières, existant ici-bas, et pourtant parfaitement pures. Non pas par leur manière d'être propre. L'église peut être laide, les chants faux, le prêtre corrompu et les fidèles distraits. En un sens cela n'a aucune importance. C'est ainsi que si un géomètre, pour illustrer une démonstration correcte, trace une figure où les droites sont tordues et les cercles allongés, cela n'a aucune importance. Les choses religieuses sont pures en droit, théoriquement, par hypothèse, par définition, par convention. Ainsi leur pureté est inconditionnée. Nulle souillure ne peut l'atteindre. C'est pourquoi elle est parfaite. Mais non pas parfaite à la manière de la jument de Roland, qui avec toutes les vertus possibles avait l'inconvénient de ne pas exister. Les conventions humaines sont sans efficacité, à moins qu'il ne s'y joigne des mobiles qui poussent les hommes à les observer. En elles-mêmes elles sont de simples abstractions ; elles sont irréelles et n'opèrent rien. Mais la convention selon laquelle les choses religieuses sont pures est ratifiée par Dieu même. Aussi est-ce une convention efficace, une convention qui enferme une vertu, qui par elle-même opère quelque chose. Cette pureté est inconditionnée et parfaite, et en même temps réelle.

C'est là une vérité de fait, qui par suite n'est pas

susceptible de démonstration. Elle n'est susceptible que de vérification expérimentale.

En fait la pureté des choses religieuses est presque partout manifeste sous la forme de la beauté, quand la foi et l'amour ne font pas défaut. Ainsi les paroles de la liturgie sont merveilleusement belles ; et surtout la prière sortie pour nous des lèvres mêmes du Christ est parfaite. De même l'architecture romane, le chant grégorien sont merveilleusement beaux.

Mais au centre même il y a quelque chose qui est entièrement dépourvu de beauté, où rien ne rend la pureté manifeste, quelque chose qui est uniquement convention. Il faut qu'il en soit ainsi. L'architecture, les chants, le langage, même si les mots sont assemblés par le Christ, tout cela est autre chose que la pureté absolue. La pureté absolue présente ici-bas à nos sens terrestres comme chose particulière, cela ne peut être qu'une convention qui soit convention et rien d'autre. Cette convention placée au point central, c'est l'Eucharistie.

L'absurdité du dogme de la présence réelle en constitue la vertu. Excepté le symbolisme si touchant de la nourriture, il n'y a rien dans un morceau de pain à quoi la pensée tournée vers Dieu puisse s'accrocher. Ainsi le caractère conventionnel de la présence divine est évident. Le Christ ne peut être présent dans un tel objet que par convention. Il peut y être de ce fait même parfaitement présent. Dieu ne peut être présent ici-bas que dans le secret. Sa présence dans l'Eucharistie est vraiment secrète, puisque aucune partie de notre pensée n'est admise au secret. Aussi est-elle totale.

Nul ne songe à s'étonner que des raisonnements opérés sur des droites parfaites et des cercles parfaits qui n'existent pas aient des applications effectives dans la technique. Pourtant cela est incompréhensible. La réalité de la présence divine dans l'Eucharistie est plus merveilleuse, mais non pas plus incompréhensible.

On pourrait dire en un sens, par analogie, que le Christ est présent dans l'hostie consacrée par hypothèse, de la même manière qu'un géomètre dit qu'il y a deux angles égaux dans tel triangle par hypothèse.

C'est parce qu'il s'agit d'une convention que la forme de la consécration importe seule, non l'état spirituel de celui qui consacre.

Si c'était autre chose qu'une convention, ce serait une chose au moins partiellement humaine, non pas totalement divine. Une convention réelle, c'est une harmonie surnaturelle, en prenant harmonie au sens pythagoricien.

Seule une convention peut être ici-bas la perfection de la pureté, car toute pureté non conventionnelle est plus ou moins imparfaite. Qu'une convention puisse être réelle, c'est un miracle de la miséricorde divine.

La notion bouddhiste de la récitation du nom du Seigneur a le même contenu, car un nom aussi est une convention. Pourtant l'habitude de confondre dans nos pensées les choses avec leur nom le fait facilement oublier. L'Eucharistie est conventionnelle à un plus haut degré.

Même la présence humaine et charnelle du Christ était autre chose que la pureté parfaite, puisqu'il a blâmé celui qui le nommait bon, puisqu'il a dit : « Il vous est avantageux que je m'en aille. » Il est donc vraisemblablement plus complètement présent dans un morceau de pain consacré. Sa présence est plus complète pour autant qu'elle est plus secrète.

Pourtant cette présence fut sans doute encore plus complète, et aussi encore plus secrète, dans son corps charnel, au moment où la police se saisit de ce corps comme de celui d'un repris de justice. Mais aussi fut-il alors abandonné de tous. Il était trop présent. Ce n'était pas soutenable pour des hommes.

La convention de l'Eucharistie ou toute autre analogue est indispensable à l'homme ; la présence sensible de la pureté parfaite lui est indispensable. Car l'homme ne peut diriger la plénitude de son attention que sur une chose sensible. Et il a besoin de diriger parfois son attention sur la pureté parfaite. Cet acte seul peut lui permettre, par une opération de transfert, de détruire une partie du mal qui est en lui. C'est pourquoi l'hostie est réellement l'Agneau de Dieu qui enlève les péchés.

Tout le monde sent le mal en soi, en a horreur et voudrait s'en débarrasser. Hors de nous nous voyons le mal sous deux formes distinctes, souffrance et péché.

Mais dans le sentiment que nous avons de nous-mêmes cette distinction n'apparaît pas, sinon abstraitement et par réflexion. Nous sentons en nous-mêmes quelque chose qui n'est ni souffrance ni péché, qui est l'un et l'autre à la fois, la racine commune aux deux, un mélange indistinct des deux, en même temps souillure et douleur. C'est le mal en nous. C'est la laideur en nous. Pour autant que nous la sentons, elle nous fait horreur. L'âme la rejette comme on vomit. Elle la transporte par une opération de transfert dans les choses qui nous entourent. Mais les choses devenant ainsi laides et souillées à nos yeux nous renvoient le mal que nous avons mis en elles. Elles nous le renvoient augmenté. Dans cet échange le mal qui est en nous s'accroît. Il nous semble alors que les lieux mêmes où nous sommes, le milieu même où nous vivons nous emprisonnent dans le mal, et de jour en jour davantage. C'est là une terrible angoisse. Quand l'âme épuisée par cette angoisse ne la ressent même plus, il y a peu d'espoir de salut pour elle.

C'est ainsi qu'un malade prend sa chambre et son entourage en haine et en dégoût, un condamné sa prison, et trop souvent un ouvrier son usine.

Ceux qui sont ainsi, il ne sert à rien de leur procurer de belles choses. Car il n'est rien qui ne finisse par être souillé jusqu'à faire horreur, avec le temps, par cette opération de transfert.

Seule la pureté parfaite ne peut pas être souillée. Si

au moment où l'âme est envahie par le mal l'attention se porte sur une chose parfaitement pure en y transférant une partie du mal, cette chose n'en est pas altérée. Elle ne renvoie pas le mal. Ainsi chaque minute d'une pareille attention détruit réellement un peu de mal.

Ce que les Hébreux essayaient d'accomplir, au moyen d'une espèce de magie, dans leur rite du bouc émissaire, ne peut être opéré ici-bas que par la pureté parfaite. Le véritable bouc émissaire, c'est l'Agneau.

Le jour où un être parfaitement pur se concentre ici-bas sous forme humaine, automatiquement la plus grande quantité possible de mal diffus autour de lui se concentre sur lui sous forme de souffrance. À cette époque, dans l'Empire romain, le plus grand malheur et le plus grand crime des hommes était l'esclavage. C'est pourquoi il subit le supplice qui était le degré extrême du malheur de l'esclavage. Ce transfert constitue mystérieusement la Rédemption.

De même quand un être humain porte son regard et son attention sur l'Agneau de Dieu présent dans le pain consacré, une partie du mal qu'il contient en lui se porte sur la pureté parfaite et y subit une destruction.

Plutôt qu'une destruction, c'est une transmutation. Le contact avec la pureté parfaite dissocie le mélange indissoluble de la souffrance et du péché. La partie du mal contenu dans l'âme qui a été brûlée au feu de ce contact devient seulement souffrance, et souffrance imprégnée d'amour.

De la même manière, tout ce mal diffus dans l'Empire romain qui se concentra sur le Christ devint en lui seulement souffrance.

S'il n'y avait pas ici-bas de pureté parfaite et infinie, s'il n'y avait que de la pureté finie que le contact du mal épuise avec le temps, nous ne pourrions jamais être sauvés.

La justice pénale fournit une illustration affreuse de cette vérité. En principe c'est une chose pure, qui a pour objet le bien. Mais c'est une pureté imparfaite, finie, humaine. Aussi le contact ininterrompu avec le crime et le malheur mélangés épuise-t-il cette pureté et met-il à la place une souillure à peu près égale à la totalité du crime, une souillure qui dépasse de bien loin celle d'un criminel particulier.

Les hommes négligent de boire à la source de pureté. Mais la Création serait un acte de cruauté si cette source ne jaillissait pas partout où il y a crime et malheur. S'il n'y avait pas de crime et de malheur dans les siècles plus éloignés de nous que deux mille ans, dans les pays non touchés par les missions, on pourrait croire que l'Église a le monopole du Christ et des sacrements. Comment peut-on sans accuser Dieu supporter la pensée d'un seul esclave crucifié il y a vingt-deux siècles, si on pense qu'à cette époque le Christ était absent et toute espèce de sacrement inconnue ? Il est vrai qu'on ne pense guère aux esclaves crucifiés il y a vingt-deux siècles.

Quand on a appris à porter le regard sur la pureté parfaite, la durée limitée de la vie humaine empêche seule d'être sûr qu'à moins de trahison on atteindra dès ici-bas la perfection. Car nous sommes des êtres finis ; le mal en nous aussi est fini. La pureté qui est offerte à nos yeux est infinie. Si peu que nous détruisions de mal à chaque regard, il serait sûr, s'il n'y avait pas de limite de temps, qu'en répétant assez souvent l'opération un jour tout le mal serait détruit. Nous serions alors allés au bout du mal, selon l'expression splendide de la Bhagavat-Gitâ Nous aurions détruit le mal pour le Seigneur de la Vérité, et nous lui apporterions la vérité, comme dit le Livre des morts égyptien.

Une des vérités capitales du christianisme, aujourd'hui bien méconnue de tous, est que le regard est ce qui sauve. Le serpent d'airain a été élevé afin que les hommes, gisant mutilés au fond de la dégradation, le regardent et soient sauvés.

C'est dans les moments où on est, comme on dit, mal disposé, où on se sent incapable de l'élévation d'âme convenable aux choses sacrées, c'est alors que le regard porté sur la pureté parfaite est le plus efficace. Car c'est alors que le mal, ou plutôt la médiocrité, affleure à la surface de l'âme, dans la meilleure position pour être brûlée au contact du feu.

Mais aussi l'opération de regarder est alors presque impossible. Toute la partie médiocre de l'âme, craignant la mort d'une crainte plus violente que celle causée par l'approche de la mort charnelle, se révolte et suscite des mensonges pour se protéger.

L'effort de ne pas écouter ces mensonges, quoiqu'on ne puisse pas s'empêcher d'y croire, l'effort de regarder la pureté est alors quelque chose de très violent ; c'est pourtant absolument autre chose que tout ce qu'on nomme généralement effort, violence sur soi, acte de volonté. Il faudrait d'autres mots pour en parler, mais le langage n'en a pas.

L'effort par lequel l'âme se sauve ressemble à celui par lequel on regarde, par lequel on écoute, par lequel une fiancée dit oui. C'est un acte d'attention et de consentement. Au contraire, ce que le langage nomme volonté est quelque chose d'analogue à l'effort musculaire.

La volonté est au niveau de la partie naturelle de l'âme. Le bon exercice de la volonté est une condition du salut nécessaire sans doute, mais lointaine, inférieure, très subordonnée, purement négative. L'effort musculaire du paysan arrache les mauvaises herbes, mais le soleil et l'eau font seuls pousser le blé. La volonté n'opère dans l'âme aucun bien.

Les efforts de volonté ne sont à leur place que pour l'accomplissement des obligations strictes. Partout où il n'y a pas d'obligation stricte, il faut suivre soit l'inclination naturelle, soit la vocation, c'est-à-dire le commandement de Dieu. Les actes qui procèdent de l'inclination ne sont évidemment pas des efforts de volonté. Et dans les actes d'obéissance à Dieu, on est passif ; quelles que soient les peines qui les accompagnent, quel que soit le déploiement apparent d'activité, il ne se produit dans l'âme rien d'analogue à l'effort musculaire ; il y a seulement attente, attention, silence, immobilité à travers la souffrance et la joie. La crucifixion du Christ est le modèle de tous les actes d'obéissance.

Cette espèce d'activité passive, la plus haute de toutes, est parfaitement décrite dans la Bhagavat-Gîta et dans Lao-Tseu. Là aussi il y a unité surnaturelle des contraires, harmonie au sens pythagoricien.

L'effort de volonté vers le bien est un des mensonges sécrétés par la partie médiocre de nous-mêmes dans sa peur d'être détruite. Cet effort ne la menace aucunement, ne diminue même pas son confort, et cela même s'il s'accompagne de beaucoup de fatigue et de souffrance. Car la partie médiocre de nous-mêmes ne craint pas la fatigue et la souffrance, elle craint d'être tuée.

Il y a des gens qui essaient d'élever leur âme comme un homme pourrait sauter continuellement à pieds joints, dans l'espoir qu'à force de sauter tous les jours plus haut un jour il ne retombera plus, mais montera jusqu'au ciel. Ainsi occupé, il ne peut pas regarder le ciel. Nous ne pouvons pas faire même un pas vers le ciel. La direction verticale nous est interdite. Mais si nous regardons longtemps le ciel, Dieu descend et nous enlève. Il nous enlève facilement. Comme dit Eschyle :

« Ce qui est divin est sans effort. » Il y a dans le salut une facilité plus difficile pour nous que tous les efforts.

Dans un conte de Grimm, il y a concours de force entre un géant et un petit tailleur. Le géant lance une pierre si haut qu'elle met très longtemps avant de retomber. Le petit tailleur lâche un oiseau qui ne retombe pas. Ce qui n'a pas d'ailes finit toujours par retomber.

C'est parce que la volonté est impuissante à opérer le salut que la notion de morale laïque est une absurdité. Car ce qu'on nomme la morale ne fait appel qu'à la volonté, et dans ce qu'elle a pour ainsi dire de plus musculaire. La religion au contraire correspond au désir, et c'est le désir qui sauve.

La caricature romaine du stoïcisme fait aussi appel à la volonté musculaire. Mais le vrai stoïcisme, le stoïcisme grec, celui auquel saint Jean, ou peut-être le Christ, a emprunté les termes de « logos » et « pneuma », est uniquement désir, piété et amour. Il est plein d'humilité.

Le christianisme d'aujourd'hui, sur ce point comme sur beaucoup d'autres, s'est laissé contaminer par ses adversaires. La métaphore de la recherche de Dieu évoque des efforts de volonté musculaire. Pascal, il est vrai, a contribué à la fortune de cette métaphore. Il a commis quelques erreurs, notamment celle de confondre dans une certaine mesure la foi et l'autosuggestion.

Dans les grandes images de la mythologie et du folklore, dans les paraboles de l'Évangile, c'est Dieu qui cherche l'homme. « *Quaerens me sedisti lassus.* » Nulle part dans l'Évangile il n'est question d'une recherche entreprise par l'homme. L'homme ne fait pas un pas à moins d'être poussé ou bien expressément appelé. Le rôle de la future épouse est d'attendre. L'esclave attend et veille pendant que le maître est à une fête. Le passant ne s'invite pas lui-même au repas de noces, il ne demande pas d'invitation ; il y est amené presque par surprise ; son rôle est seulement de revêtir un vêtement convenable. L'homme qui a trouvé une perle dans un champ vend tous ses biens pour acheter ce champ ; il n'a pas besoin de retourner le champ à la bêche pour déterrer la perle, il lui suffit de vendre tous ses biens. Désirer Dieu et renoncer à tout le reste, c'est cela seul qui sauve.

L'attitude qui opère le salut ne ressemble à aucune activité. Le mot grec qui l'exprime est « Hupomonè » que *patientia* traduit assez mal. C'est l'attente, l'immobilité attentive et fidèle qui dure indéfiniment et que ne peut ébranler aucun choc. L'esclave qui écoute près de la porte pour ouvrir dès que le maître frappe en est la meilleure image. Il faut qu'il soit prêt à mourir de faim et d'épuisement plutôt que de changer d'attitude. Il faut que ses camarades puissent l'appeler, lui parler, le frapper sans qu'il tourne même la tête. Même si on lui dit que le maître est mort, même s'il le croit, il ne bougera pas. Si on lui dit que le maître est irrité contre lui et le battra à son retour, et s'il le croit, il ne bougera pas.

La recherche active est nuisible, non seulement à l'amour, mais aussi à l'intelligence dont les lois imitent celles de l'amour. Il faut simplement attendre que la solution d'un problème de géométrie, que le sens d'une - phrase latine ou grecque surgisse dans l'esprit. À plus forte raison, pour une vérité scientifique nouvelle, pour un beau vers. La recherche mène à l'erreur. Il en est ainsi pour toute espèce de bien véritable. L'homme ne doit pas faire autre chose qu'attendre le bien et écarter le mal. Il ne doit faire d'effort musculaire que pour n'être pas ébranlé par le mal. Dans le retournement qui constitue la condition humaine, la vertu authentique dans tous les domaines est chose négative, au moins en apparence. Mais cette attente du bien et de la vérité est quelque chose de plus intense que toute recherche.

La notion de grâce par opposition à la vertu volontaire, celle d'inspiration par opposition au travail intellectuel ou artistique, ces deux notions expriment, si elles sont bien comprises, cette efficacité de l'attente et du désir.

Les pratiques religieuses sont entièrement constituées par de l'attention animée de désir. C'est pourquoi aucune morale ne peut les remplacer. Mais la partie médiocre de l'âme a dans son arsenal beaucoup de mensonges capables de la protéger même pendant la prière ou la participation aux sacrements. Entre le regard et la présence de la pureté parfaite elle met des voiles qu'elle est assez habile pour nommer Dieu. Ces voiles, ce sont, par exemple, des états d'âme, sources de joies sensibles, d'espérance, de réconfort, de consolation ou d'apaisement, ou bien un ensemble d'habitudes, ou bien un ou plusieurs êtres humains, ou bien un milieu social.

Un piège difficile à éviter est l'effort pour imaginer la perfection divine que la religion nous offre à aimer. En aucun cas nous ne pouvons rien imaginer qui soit plus parfait que nous-mêmes. Cet effort rend inutile la merveille de l'Eucharistie.

Il faut une certaine formation de l'intelligence pour pouvoir ne contempler dans l'Eucharistie que ce qui y est enfermé par définition ; c'est-à-dire quelque chose que nous ignorons totalement, dont nous savons seulement, comme dit Platon, que c'est quelque chose, et que rien d'autre n'est jamais désiré sinon par erreur.

Le piège des pièges, le piège presque inévitable, est le piège social. Partout, toujours, en toutes choses, le sentiment social procure une imitation parfaite de la foi, c'est-à-dire parfaitement trompeuse. Cette imitation a le grand avantage de contenter toutes les parties de l'âme. Celle qui désire le bien croit être nourrie. Celle qui est médiocre n'est pas blessée par la lumière. Elle est tout à fait à l'aise. Ainsi tout le monde est d'accord. L'âme est dans la paix. Mais le Christ a dit qu'il ne venait pas apporter la paix. Il a apporté le glaive, le glaive qui coupe en deux, comme dit Eschyle.

Il est presque impossible de discerner la foi de son imitation sociale. D'autant plus qu'il peut y avoir dans l'âme une partie de foi authentique et une partie de foi imitée. C'est presque impossible, mais non pas impossible.

Dans les circonstances présentes, repousser l'imitation sociale est peut-être pour la foi une question de vie et de mort.

La nécessité d'une présence parfaitement pure pour enlever les souillures n'est pas restreinte aux églises. Les gens viennent apporter leurs souillures dans les églises, et cela est très bien. Mais il serait bien plus conforme à l'esprit du christianisme qu'en plus de cela le Christ allât porter sa présence dans les endroits les plus souillés de honte, de misère, de crime et de malheur, dans les prisons, dans les tribunaux, dans les refuges de miséreux. Une séance de tribunal devrait commencer et finir par une prière commune des magistrats, de la police, de l'accusé, du public. Le Christ devrait ne pas être absent des lieux où l'on travaille, de ceux où l'on étudie. Tous les êtres humains devraient pouvoir, quoi qu'ils fassent, où qu'ils soient, avoir le regard fixé tout le long de chaque journée sur le serpent d'airain.

Mais aussi il devrait être reconnu publiquement, officiellement, que la religion ne consiste pas en autre chose qu'en un regard. Tant qu'elle prétend être autre chose, il est inévitable ou qu'elle soit enfermée à l'intérieur des églises, ou qu'elle étouffe tout en tout autre lieu où elle se trouve. La religion ne doit pas prétendre occuper dans la société une autre place que celle qui convient à l'amour surnaturel dans l'âme. Mais il est vrai aussi que beaucoup de gens dégradent la charité en eux-mêmes parce qu'ils veulent lui faire occuper dans leur âme une place trop grande et trop visible. Notre Père ne réside que dans le secret. L'amour ne va pas sans pudeur. La foi véritable implique une grande discrétion même vis-à-vis de soi-même. Elle est un secret entre Dieu et nous auquel nous-mêmes n'avons presque aucune part.

L'amour du prochain, l'amour de la beauté du monde, l'amour de la religion sont des amours en un sens tout à fait impersonnels. L'amour de la religion pourrait facilement ne pas l'être, parce que la religion a rapport à un milieu social. Il faut que la nature même des pratiques religieuses y remédie. Au centre de la religion catholique se trouve un peu de matière sans forme, un peu de pain. L'amour dirigé sur ce morceau de matière est nécessairement impersonnel. Ce n'est pas la personne humaine du Christ telle que nous l'imaginons, ce n'est pas la personne divine du Père soumise elle aussi en nous à toutes les erreurs de notre imagination, c'est ce fragment de matière qui est au centre de la religion catholique. C'est ce qu'il y a en elle de plus scandaleux et c'est en quoi réside sa plus merveilleuse vertu. Dans toutes les formes authentiques de vie religieuse il y a de même quelque chose qui en garantit le caractère impersonnel. L'amour de Dieu doit être impersonnel, tant qu'il n'y a pas encore eu contact direct et personnel ; autrement c'est un amour imaginaire. Ensuite il doit être à la fois personnel et de nouveau impersonnel en un sens plus élevé.

4

AMITIÉ

Mais il est un amour personnel et humain qui est pur et qui enferme un pressentiment et un reflet de l'amour divin. C'est l'amitié, à condition qu'on emploie ce mot rigoureusement en son sens propre.

La préférence à l'égard d'un être humain est nécessairement autre chose que la charité. La charité est indiscriminée. Si elle se pose plus particulièrement quelque part, le hasard du malheur, qui suscite l'échange de la compassion et de la gratitude, est la seule cause. Elle est disponible également pour tous les humains en tant que le malheur peut venir proposer à tous un tel échange.

La préférence personnelle à l'égard d'un être humain déterminé peut être de deux natures. Ou l'on cherche en l'autre un certain bien, ou on a besoin de lui. D'une manière générale, tous les attachements possibles se répartissent entre ces deux espèces. On se porte vers quelque chose, ou parce qu'on y cherche un bien, ou parce qu'on ne peut pas s'en passer. Quelquefois les deux mobiles coïncident. Mais souvent non. Par eux-mêmes ils sont distincts et tout à fait indépendants. On mange de la nourriture répugnante, si on n'en a pas d'autre, parce qu'on ne peut pas faire autrement. Un homme modérément gourmand recherche les bonnes choses, mais s'en passe facilement. Si on manque d'air, on étouffe ; on se débat pour en trouver, non parce qu'on en attend un bien, mais parce qu'on en a besoin. On va respirer le souffle de la mer, sans être poussé par aucune nécessité, parce que cela plaît. Souvent le cours du temps fait automatiquement succéder le second mobile au premier. C'est une des grandes douleurs humaines. Un homme fume l'opium pour avoir accès à un état spécial qu'il croit supérieur ; souvent, par la suite, l'opium le met dans un état pénible et qu'il sent dégradant ; mais il ne peut plus s'en passer. Arnolphe a acheté Agnès à sa mère adoptive, parce qu'il lui a semblé que c'était pour lui un bien d'avoir chez lui une petite fille dont il ferait peu à peu une bonne épouse. Plus tard elle ne lui cause plus qu'une douleur déchirante et avilissante. Mais avec le temps son attachement pour elle est devenu un lien vital qui le force à prononcer le vers terrible :

Mais je sens là-dedans qu'il faudra que je crève...

Harpagon a commencé par regarder l'or comme un

bien. Plus tard ce n'est plus que l'objet d'une obsession harcelante, mais un objet dont la privation le ferait mourir. Comme dit Platon, il y a une grande différence entre l'essence du nécessaire et celle du bien.

Il n'y a aucune contradiction entre chercher un bien auprès d'un être humain et lui vouloir du bien. Pour cette raison même, quand le mobile qui pousse vers un être humain est seulement la recherche d'un bien, les conditions de l'amitié ne sont pas réalisées. L'amitié est une harmonie surnaturelle, une union des contraires.

Quand un être humain est à quelque degré nécessaire, on ne peut pas vouloir son bien, à moins de cesser de vouloir le sien propre. Là où il y a nécessité, il y a contrainte et domination. On est à la discrétion de ce dont on a besoin, à moins d'en être propriétaire. Le bien central pour tout homme est la libre disposition de soi. Ou l'on y renonce, ce qui est un crime d'idolâtrie, car on n'a le droit d'y renoncer qu'en faveur de Dieu ; ou on désire que l'être dont on a besoin en soit privé.

Toutes sortes de mécanismes peuvent nouer entre êtres humains des liens d'affection qui aient la dureté de fer de la nécessité. L'amour maternel est souvent de cette nature ; parfois l'amour paternel, comme dans *Le Père Goriot de Balzac* ; l'amour charnel sous sa forme la plus intense, comme dans *L'École des Femmes* et dans *Phèdre* ; l'amour conjugal très fréquemment, surtout par l'effet de l'habitude ; plus rarement l'amour filial ou fraternel.

Il y a d'ailleurs des degrés dans la nécessité. Est nécessaire à quelque degré tout ce dont la perte cause réellement une diminution d'énergie vitale, au sens précis, rigoureux que ce mot pourrait avoir si l'étude des phénomènes vitaux était aussi avancée que celle de la chute des corps. Au degré extrême de la nécessité, la privation entraîne la mort. C'est le cas quand toute l'énergie vitale d'un être est liée à un autre par un attachement. Aux degrés moindres, la privation entraîne. un amoindrissement plus ou moins considérable. C'est ainsi que la privation totale de nourriture entraîne la mort, au lieu que la privation partielle entraîne seulement un amoindrissement. Néanmoins on regarde comme nécessaire toute la quantité de nourriture en deçà de laquelle un être humain est amoindri.

La cause la plus fréquente de la nécessité dans les liens d'affection, c'est une certaine combinaison de sympathie et d'habitude. Comme dans le cas de l'avarice ou de l'intoxication, ce qui d'abord était recherche d'un bien est transformé en besoin par le simple cours du temps. Mais la différence avec l'avarice, l'intoxication et tous les vices, c'est que dans les liens d'affection les deux mobiles, recherche d'un bien et besoin, peuvent très bien coexister. Ils peuvent aussi être séparés. Quand l'attachement d'un être humain à un autre est constitué par le besoin seul, c'est une chose atroce. Peu de choses au monde peuvent atteindre ce degré de laideur et d'horreur. Il y a toujours quelque chose d'horrible dans toutes les circonstances où un être humain cherche le bien et trouve seulement la nécessité. Les contes où un être aimé apparaît soudain avec une tête de mort en sont la meilleure image. L'âme humaine possède, il est vrai, tout un arsenal de mensonges pour se protéger contre cette laideur et se fabriquer en imagination de faux biens là où il y a seulement nécessité. C'est par là même que la laideur est un mal, parce qu'elle contraint au mensonge.

D'une manière tout à fait générale, il y a malheur toutes les fois que la nécessité, sous n'importe quelle forme, se fait sentir si durement que la dureté dépasse la capacité de mensonge de celui qui subit le choc. C'est pourquoi les êtres les plus purs sont les plus exposés au malheur. Pour celui qui est capable d'empêcher la réaction automatique de protection qui tend à augmenter dans l'âme la capacité de mensonge, le malheur n'est pas un mal, bien qu'il soit toujours une blessure et en un sens une dégradation.

Quand un être humain est attaché à un autre par un lien d'affection enfermant à un degré quelconque la nécessité, il est impossible qu'il souhaite la conservation de l'autonomie à la fois en lui-même et dans l'autre. Impossible en vertu du mécanisme de la nature. Mais possible par l'intervention miraculeuse du surnaturel. Ce miracle, c'est l'amitié.

« L'amitié est une égalité faite d'harmonie », disaient les pythagoriciens. Il y a harmonie parce qu'il y a unité surnaturelle entre deux contraires qui sont la nécessité et la liberté, ces deux contraires que Dieu a combinés en créant le monde et les hommes. Il y a égalité parce qu'on désire la conservation de la faculté de libre consentement en soi-même et chez l'autre. Quand quelqu'un désire se subordonner un être humain ou accepte de se subordonner à lui, il n'y a pas trace d'amitié. Le Pylade de Racine n'est pas l'ami d'Oreste. Il n'y a pas d'amitié dans l'inégalité.

Une certaine réciprocité est essentielle à l'amitié. Si d'un des deux côtés toute bienveillance est entièrement absente, l'autre doit supprimer l'affection en lui-même par respect pour le libre consentement auquel il ne doit pas désirer porter atteinte. Si d'un des deux côtés il n'y a pas respect pour l'autonomie de l'autre, celui-ci doit couper le lien par respect de soi-même. De même celui qui accepte de s'asservir ne peut pas obtenir d'amitié. Mais la nécessité enfermée dans le lien d'affection peut n'exister que d'un côté, et en ce cas il n'y a amitié que d'un côté si on prend le mot en un sens tout à fait précis et rigoureux.

Une amitié est souillée dès que la nécessité l'emporte, fût-ce pour un instant, sur le désir de conserver chez l'un et chez l'autre la faculté de libre consentement. Dans toutes les choses humaines, la nécessité est le principe de l'impureté. Toute amitié est impure s'il s'y trouve même à l'état de trace le désir de plaire ou le désir inverse. Dans une amitié parfaite ces deux désirs sont complètement absents. Les deux amis acceptent complètement d'être deux et non pas un, ils respectent la distance que met entre eux le fait d'être deux créatures distinctes. C'est avec Dieu seul que l'homme a le droit de désirer être directement uni.

L'amitié est le miracle par lequel un être humain accepte de regarder à distance et sans s'approcher l'être même qui lui est nécessaire comme une nourriture. C'est la force d'âme qu'Ève n'a pas eue ; et pourtant elle n'avait pas besoin du fruit. Si elle avait eu faim au moment où elle regardait le fruit, et si malgré cela elle était restée indéfiniment à le regarder sans faire un pas vers lui, elle aurait accompli un miracle analogue à celui de la parfaite amitié.

Par cette vertu surnaturelle du respect de l'autonomie humaine, l'amitié est très semblable aux formes pures de la compassion et de la gratitude suscitées par le malheur. Dans les deux cas les contraires qui sont les termes de l'harmonie sont la nécessité et la liberté, ou encore la subordination et l'égalité. Ces deux couples de contraires sont équivalents.

Du fait que le désir de plaire et le désir inverse sont absents de l'amitié pure, il y a en elle, en même temps que l'affection, quelque chose comme une complète indifférence. Bien qu'elle soit un lien entre deux personnes, elle a quelque chose d'impersonnel. Elle n'entame pas l'impartialité. Elle n'empêche aucunement d'imiter la perfection du Père céleste qui distribue partout la lumière du soleil et la pluie. Au contraire, l'amitié et cette imitation sont condition mutuelle l'une de l'autre, du moins le plus souvent. Car comme tout être humain ou peu s'en faut est lié à d'autres par des liens d'affection enfermant quelque degré de nécessité, il ne peut s'approcher de la perfection qu'en transformant cette affection en amitié. L'amitié a quelque chose d'universel. Elle consiste à aimer un être humain comme on voudrait pouvoir aimer en particulier chacun de ceux qui composent l'espèce humaine. Comme un géomètre regarde une figure particulière pour déduire les propriétés universelles du triangle, de même celui qui sait aimer dirige sur un être humain particulier un amour universel. Le consentement à la conservation de l'autonomie en soi-même et chez autrui est par essence quelque chose d'universel. Dès qu'on désire cette conservation chez plus d'un seul être on la désire chez tous les êtres ; car on cesse de disposer l'ordre du monde en cercle autour d'un centre qui serait ici-bas. On transporte le centre au-dessus des cieux.

L'amitié n'a pas cette vertu si les deux êtres qui s'aiment, par un usage illégitime de l'affection, croient ne faire qu'un. Mais aussi il n'y a pas alors d'amitié au vrai sens du mot. C'est là pour ainsi dire une union adultère, quand même elle se produirait entre époux. Il n'y a amitié que là où la distance est conservée et respectée.

Le simple fait d'avoir du plaisir à penser sur un point quelconque de la même manière que l'être aimé, ou en tout cas le fait de désirer une telle concordance d'opinions, est une atteinte à la pureté de l'amitié en même temps qu'à la probité intellectuelle. Cela est très fréquent. Mais aussi une amitié pure est rare.

Quand les liens d'affection et de nécessité entre êtres humains ne sont pas surnaturellement transformés en amitié, non seulement l'affection est impure et basse, mais aussi elle se mélange de haine et de répulsion. Cela apparaît très bien dans *L'École des Femmes* et dans *Phèdre*. Le mécanisme est le même dans les affections autres que l'amour charnel. Il est facile à comprendre. Nous haïssons ce dont nous dépendons. Nous prenons en dégoût ce qui dépend de nous. Parfois l'affection ne se mélange pas seulement, elle se transforme entièrement en haine et en dégoût. Parfois même la transformation est presque immédiate, de sorte que presque aucune affection n'a eu le temps d'apparaître ; c'est le cas quand la nécessité est presque tout de suite mise à nu. Quand la nécessité qui lie des êtres humains n'est pas de nature affective, quand elle tient seulement aux circonstances, l'hostilité surgit souvent dès l'abord.

Quand le Christ disait à ses disciples « Aimez-vous les uns les autres », ce n'était pas l'attachement qu'il leur prescrivait. Comme en fait il y avait entre eux des liens causés par les pensées communes, la vie en commun, l'habitude, il leur commandait de transformer ces liens en amitié pour ne pas les laisser tourner en attachements impurs ou en haine.

Le Christ ayant peu avant sa mort ajouté cette parole comme un commandement nouveau aux commandements de l'amour du prochain et de l'amour de Dieu, on peut penser que l'amitié pure, comme la charité du prochain, enferme quelque chose comme un sacrement. Le Christ a peut-être voulu indiquer cela concernant l'amitié chrétienne quand il a dit : « Quand deux ou trois d'entre vous seront réunis en mon nom, je serai parmi eux. » L'amitié pure est une image de l'amitié originelle et parfaite qui est celle de la Trinité et qui est l'essence même de Dieu. Il est impossible que deux êtres humains soient un, et cependant respectent scrupuleusement la distance qui les sépare, si Dieu n'est pas présent en chacun d'eux. Le point de rencontre des parallèles est à l'infini.

5

AMOUR IMPLICITE ET AMOUR EXPLICITE

Le catholique même le plus étroit n'oserait pas affirmer que la compassion, la gratitude, l'amour de la beauté du monde, l'amour des pratiques religieuses, l'amitié soient le monopole des siècles et des pays où l'Église a été présente. Ces amours dans leur pureté sont rares, mais on affirmerait même difficilement qu'ils aient été plus fréquents dans ces siècles et ces pays que dans les autres. Croire qu'ils peuvent se produire là où le Christ est absent, c'est amoindrir le Christ jusqu'à l'outrager ; c'est une impiété, presque un sacrilège.

Ces amours sont surnaturels ; et en un sens ils sont absurdes. Ils sont fous. Aussi longtemps que l'âme n'a pas eu contact direct avec la personne même de Dieu, ils ne peuvent s'appuyer sur aucune connaissance fondée soit sur l'expérience, soit sur le raisonnement. Ils ne peuvent donc s'appuyer sur aucune certitude, à moins d'employer le mot dans un sens métaphorique pour désigner le contraire de l'hésitation. Par suite il est préférable qu'ils ne soient accompagnés d'aucune croyance. Cela est intellectuellement plus honnête, et cela préserve mieux la pureté de l'amour. C'est à tous égards plus convenable. Concernant les choses divines, la croyance ne convient pas. La certitude seule convient. Tout ce qui est au-dessous de la certitude est indigne de Dieu.

Pendant la période préparatoire, ces amours indirects constituent un mouvement ascendant de l'âme, un regard tourné avec quelque effort vers le haut. Après que Dieu est venu en personne non seulement visiter l'âme, comme il fait d'abord pendant longtemps, mais s'emparer d'elle, en transporter le centre auprès de soi, il en est autrement. Le poussin a percé la coquille, il est hors de l'œuf du monde. Ces amours premiers subsistent, ils sont plus intenses qu'avant, mais ils sont autres. Celui qui a subi cette aventure aime plus qu'auparavant les malheureux, ceux qui l'aident dans le malheur, ses amis, les pratiques religieuses, la beauté du monde. Mais ces amours sont devenus un mouvement descendant comme celui même de Dieu, un rayon confondu dans la lumière de Dieu. Du moins on peut le supposer.

Ces amours indirects sont seulement l'attitude envers les êtres et les choses d'ici-bas de l'âme orientée vers le bien. Ils n'ont pas eux-mêmes pour objet un bien. Il n'y a pas de bien ici-bas. Ainsi ce ne sont pas à proprement parler des amours. Ce sont des attitudes aimantes.

Dans la période préparatoire l'âme aime à vide. Elle ne sait pas si quelque chose de réel répond à son amour. Elle peut croire qu'elle le sait. Mais croire n'est pas savoir. Une telle croyance n'aide pas. L'âme sait seulement d'une manière certaine qu'elle a faim. L'important est qu'elle crie sa faim. Un enfant ne cesse pas de crier si on lui suggère que peut-être il n'y a pas de pain. Il crie quand même.

Le danger n'est pas que l'âme doute s'il y a ou non du pain, mais qu'elle se persuade par un mensonge qu'elle n'a pas faim. Elle ne peut se le persuader que par un mensonge, car la réalité de sa faim n'est pas une croyance, c'est une certitude.

Nous savons tous qu'il n'y a pas de bien ici-bas, que tout ce qui apparaît ici-bas comme bien est fini, limité, s'épuise, et une fois épuisé laisse apparaître à nu la nécessité. Tout être humain a vraisemblablement eu dans sa vie plusieurs instants où il s'est avoué clairement qu'il n'y' a pas de bien ici-bas. Mais dès qu'on a vu cette vérité on la recouvre de mensonge. Beaucoup même se complaisent à la proclamer en cherchant dans la tristesse une jouissance morbide, qui n'ont jamais pu supporter de la regarder en face plus d'une seconde. Les hommes sentent qu'il y a danger mortel à regarder cette vérité en face pendant quelque temps. Cela est vrai. Cette connaissance est mortelle plus qu'une épée ; elle inflige une mort qui fait peur plus que la mort charnelle. Avec le temps elle tue en nous tout ce que nous nommons moi. Pour la soutenir il faut aimer la vérité plus que la vie. Ceux qui sont ainsi, selon l'expression de Platon, se détournent de ce qui passe avec toute l'âme.

Ils ne se tournent pas vers Dieu. Comment le pourraient-ils, dans les ténèbres totales ? Dieu lui-même leur imprime l'orientation convenable. Il ne se montre pas à eux cependant avant longtemps. C'est à eux à rester immobiles, sans détourner le regard, sans cesser d'écouter, et à attendre ils ne savent pas quoi, sourds aux sollicitations et aux menaces, inébranlables aux chocs. Si Dieu, après une longue attente, laisse vaguement pressentir sa lumière ou même se révèle en personne, ce n'est que pour un instant. De nouveau il faut rester immobile, attentif, et attendre, sans bouger, en appelant seulement quand le désir est trop fort.

Il ne dépend pas d'une âme de croire à la réalité de Dieu si Dieu ne révèle pas cette réalité. Ou elle met le nom de Dieu comme étiquette sur autre chose, et c'est de l'idolâtrie ; ou la croyance à Dieu reste abstraite et verbale. Il en est ainsi dans des pays et des époques où mettre le dogme religieux en doute ne vient même pas à l'esprit. L'état de non-croyance est alors ce que saint Jean de la Croix nommait une nuit. La croyance est verbale et ne pénètre pas dans l'âme. À une époque comme la nôtre l'incrédulité peut être un équivalent de la nuit obscure de saint Jean de la Croix si l'incrédule aime Dieu, s'il est comme l'enfant qui ne sait pas qu'il y a quelque part du pain, mais qui crie qu'il a faim.

Quand on mange du pain, et même quand on en a mangé, on sait que le pain est réel. On peut néanmoins mettre en doute la réalité du pain. Les philosophes mettent en doute la réalité du monde sensible. Mais c'est un doute purement verbal, qui n'entame pas la certitude, qui la rend même plus manifeste pour un esprit, bien orienté. De même celui à qui Dieu a révélé sa réalité peut sans inconvénient mettre cette réalité en doute. C'est un doute purement verbal, un exercice utile à la santé de l'intelligence. Ce qui est un crime de trahison, même avant une telle révélation, bien plus encore après, c'est de mettre en doute que Dieu soit la seule chose qui mérite d'être aimée. C'est de détourner le regard. L'amour est le regard de l'âme. C'est de s'arrêter un instant d'attendre et d'écouter.

Électre ne cherche pas Oreste, elle l'attend. Quand elle croit qu'il n'existe plus, que nulle part au monde il n'y a rien qui soit Oreste, elle ne se rapproche pas pour cela de son entourage. Elle s'en écarte avec davantage de répulsion. Elle aime mieux l'absence d'Oreste que la présence de quoi que ce soit d'autre. Oreste devait la délivrer de son esclavage, des haillons, du travail servile, de la saleté, de la faim, des coups et d'humiliations innombrables. Elle n'espère plus cela. Mais elle ne songe pas un instant à user de l'autre procédé qui peut lui procurer une vie luxueuse et honorée, le procédé de la réconciliation avec les plus forts. Elle ne veut pas obtenir l'abondance et la considération si ce n'est pas Oreste qui les lui procure. Elle n'accorde pas même une pensée à ces choses. Tout ce qu'elle désire, c'est de ne pas exister dès lors qu'Oreste n'existe pas.

À ce moment Oreste n'y tient plus. Il ne peut s'empêcher de se nommer. Il donne la preuve certaine qu'il est Oreste. Électre le voit, elle l'entend, elle le touche. Elle ne se demandera plus si son sauveur existe.

Celui à qui est arrivé l'aventure d'Électre, celui qui a vu, entendu et touché, avec l'âme elle-même, celui-là reconnaît en Dieu la réalité de ces amours indirects qui étaient comme des reflets. Dieu est la pure beauté. C'est là chose incompréhensible, car la beauté est sensible par essence. Parler d'une beauté non sensible, cela paraît un abus de langage à quiconque a dans l'esprit quelque exigence de rigueur ; et avec raison. La beauté est toujours un miracle. Mais il y a miracle au second degré quand une âme reçoit une impression de beauté non sensible, s'il s'agit non d'une abstraction, mais d'une impression réelle et directe comme celle que cause un chant au moment où il se fait entendre. Tout se passe comme si, par l'effet d'une faveur miraculeuse, il était devenu manifeste à la sensibilité elle-même que le silence n'est pas absence de sons, mais une chose infiniment plus réelle que les sons, et le siège d'une harmonie plus parfaite que la plus belle dont les sons combinés soient susceptibles. Encore y a-t-il des degrés dans le silence. Il y a un silence dans la beauté de l'univers qui est comme un bruit par rapport au silence de Dieu.

Dieu est aussi le véritable prochain. Le terme de personne ne s'applique avec propriété qu'à Dieu, et aussi le terme d'impersonnel. Dieu est celui qui se penche sur nous, nous malheureux réduits à n'être qu'un peu de chair inerte et saignante. Mais en même temps Il est en quelque sorte aussi ce malheureux qui nous apparaît seulement sous l'aspect d'un corps inanimé d'où il semble que toute pensée soit absente, ce malheureux dont nul ne connaît ni le rang ni le nom. Le corps inanimé, c'est cet univers créé. L'amour que nous devons à Dieu, et qui serait notre perfection suprême si nous pouvions l'atteindre, est le modèle divin à la fois de la gratitude et de la compassion.

Dieu. est aussi l'ami par excellence. Pour qu'il y ait entre Lui et nous, à travers la distance infinie, quelque chose comme une égalité, Il a voulu mettre dans ses créatures un absolu, la liberté absolue de consentir ou non à l'orientation qu'il nous imprime vers Lui. Il a aussi étendu nos possibilités d'erreur et de mensonge jusqu'à nous laisser la faculté de dominer faussement en imagination non seulement l'univers et les hommes, mais aussi Dieu lui-même, tant que nous ne savons pas faire un juste usage de ce nom. Il nous a donné cette faculté d'illusion infinie pour que nous ayons le pouvoir d'y renoncer par amour.

Enfin le contact avec Dieu est le véritable sacrement.

Mais on peut être presque sûr que ceux chez qui l'amour de Dieu a fait disparaître les amours purs d'ici-bas sont de faux amis de Dieu.

Le prochain, les amis, les cérémonies religieuses, la beauté du monde ne tombent pas au rang des choses irréelles après le contact direct entre l'âme et Dieu. Au contraire, c'est alors seulement que ces choses deviennent réelles. Auparavant c'étaient des demi-rêves. Auparavant, il n'y avait aucune réalité.

Image de la Couverture : Pixabay.com
ISBN Ebook : 979-10-299-0801-9
ISBN Couverture Souple : 979-10-299-0802-6
ISBN Couverture Rigide : 979-10-299-0803-3

www.ingramcontent.com/pod-product-compliance
Lightning Source LLC
LaVergne TN
LVHW101949220826
846093LV00006B/160

* 9 7 9 1 0 2 9 9 0 8 0 2 6 *